Spanish-English Parallel text

# SHORT STORIES IN LATIN AMERICAN SPANISH

## Beginner to Intermediate

Alexander Iglesias

# INTRODUCTION

Short Stories in Latin American Spanish has been written and designed for learners from beginner to intermediate level to both entertain and provide a sense of achievement while reading. If there's a word or grammar structure you are not familiar with, you'll find the English translation just below, which makes reading these stories an enjoyable and stress-free experience.

This book includes:
· Eight fun, easy-to-read short stories in a variety of genres that will give you hours of enjoyment while you acquire a wide range of new vocabulary.
· Authentic Latin American expressions and cultural knowledge that will prove very useful for any student interested in the amazing variety of this Spanish-speaking area.
· Spanish-English parallel text that will help you feel safe throughout your reading experience, so you learn new vocabulry and grammatical structures naturally, in a stress-free way while focusing on content and having fun.

Research has demonstrated that reading improves vocabulary and fluency in a foreing language. Short Stories in Latin American Spanish is the perfect companion on your journey to mastery of Spanish with friendly, parallel text stories that will make you feel confident while you learn the language and culture of this fascinating part of the world.

**The eight short stories in this book:**

**Vacaciones en Viña del Mar**
**La quinceañera de mi mejor amiga**
**La familia crece**
**¿Encontrando el amor en Cancún?**
**¿Alberto o Luis?**
**Entrevista con Pedro Labarca**
**Recuerdos de mi abuela**
**Una entrevista de trabajo**

## Vacaciones en Viña del Mar
*Vacation in Viña del Mar*

Me llamo Javier Cruz y tengo veinte años. Nací en Venezuela, pero vivo en Santiago, Chile, desde hace más de diez años.
*My name is Javier Cruz and I am twenty years old. I was born in Venezuela, but I have lived in Santiago, Chile, for more than ten years.*

Estudio ingeniería en la universidad y me gusta mucho practicar deportes como el fútbol y el vóleibol, además los fines de semana me gusta pasar horas jugando videojuegos con mis amigos.
*I study engineering at university and I really like to play sports like soccer and volleyball, and on the weekends I like to spend hours playing video games with my friends.*

Mi vida es un poco aburrida porque paso mucho tiempo estudiando, pero el verano pasado fue muy divertido.
*My life is a bit boring because I spend a lot of time studying, but last summer it was a lot of fun.*

En febrero fui de vacaciones con unos amigos a Viña del Mar. Viña del Mar es una ciudad de Chile muy turística con hermosas playas, una excelente opción para pasar un buen verano no muy lejos de Santiago.

*In February I went on vacation with some friends to Viña del Mar. Viña del Mar is a very touristy city in Chile with beautiful beaches, an excellent option to spend a good summer not far from Santiago.*

En Viña del Mar hay muchos centros comerciales, bares, discotecas y lugares de entretenimiento para todos los gustos. Mis amigos y yo arrendamos un departamento al lado de la playa por una semana.

*In Viña del Mar there are many shopping centers, bars, discos and entertainment venues for all tastes. My friends and I rented an apartment next to the beach for a week.*

Es un placer pasar el tiempo con tus amigos en una ciudad tan bonita y con una espectacular vista al mar ¡Los atardeceres son muy bellos!

*It is a pleasure to spend time with your friends in such a beautiful city and with a spectacular view of the sea. The sunsets are very beautiful!*

Mis amigos y yo somos cuatro. Claudia es de Santiago también y tiene veintiún años, estudia ingeniería conmigo y en su tiempo libre le encanta cocinar.
*My friends and I are four. Claudia is also from Santiago and is twenty-one years old, she studies engineering with me and in her free time she loves to cook.*

He probado los platos de Claudia y son deliciosos, Claudia es muy buena cocinera y una chica muy simpática, pero es un poco tímida e introvertida.
*I have tried Claudia's dishes and they are delicious, Claudia is a very good cook and a very nice girl, but she is a bit shy and introverted.*

Diego es del sur de Chile, de Valdivia, tiene veinte años y estudia medicina, pero su pasión son los autos deportivos. Él es muy sociable, le encantan las fiestas y conocer gente nueva.

*Diego is from the south of Chile, from Valdivia, he is twenty years old and studies medicine, but his passion is sports cars. He is very sociable, he loves parties and meeting new people.*

Por último está Alfredo, él es estudiante de diseño de interiores y le interesa mucho la moda y las últimas tendencias.
*Finally there is Alfredo, he is an interior design student and is very interested in fashion and the latest trends.*

Mis amigos y yo nos conocemos hace un par de años y, a pesar de tener intereses muy distintos nos llevamos muy bien así que vivir con ellos por una semana fue muy agradable.
*My friends and I have known each other for a couple of years and, despite having very different interests, we got along very well so living with them for a week was very nice.*

El primer día de nuestras vacaciones fue muy bueno. En la mañana nos levantamos muy temprano para aprovechar el día. Fuimos a la playa, entramos al mar y nadamos por horas, luego Diego y yo jugamos vóleibol mientras Claudia y Alfredo tomaban el sol.

*The first day of our vacation was very good. In the morning we got up very early to make the most of the day. We went to the beach, went into the sea and swam for hours, then Diego and I played volleyball while Claudia and Alfredo sunbathed.*

Al mediodía ya hacía mucho calor y volvimos al departamento. Con un poco de nuestra ayuda, Claudia preparó un excelente pescado para el almuerzo y después tomamos una siesta hasta las seis de la tarde.

*By noon it was very hot and we returned to the apartment. With a little help from us, Claudia prepared some excellent fish for lunch and afterwards we took a nap until six in the afternoon.*

La primera noche de nuestras vacaciones decidimos ir a un bar cercano, pero Claudia no quiso ir. Claudia dijo que estaba muy cansada y tenía sueño.

*The first night of our vacation we decided to go to a nearby bar, but Claudia didn't want to go. Claudia said that she was very tired and sleepy.*

Diego, Alfredo y yo pasamos una noche muy divertida, bebimos mucha cerveza y conversamos hasta muy tarde, pero nos sentimos un poco mal porque Claudia estaba sola en el departamento mientras nosotros lo pasábamos muy bien.
*Diego, Alfredo and I had a very fun night, we drank a lot of beer and talked until very late, but we felt a little bad because Claudia was alone in the apartment while we had a great time.*

Como ya he dicho antes, Claudia no es muy sociable y no le gusta salir mucho, probablemente su cansancio era sólo una excusa para quedarse en casa.
*As I have said before, Claudia is not very sociable and does not like to go out a lot, probably her fatigue was just an excuse to stay at home.*

El segundo día de vacaciones fuimos a la playa también. En la noche, con mucho esfuerzo logramos convencer a Claudia de ir con nosotros a una fiesta electrónica en la playa ¡Todos estábamos muy contentos de que Claudia fuera con nosotros esta vez!

*The second day of vacation we went to the beach too. In the evening, with a lot of effort we managed to convince Claudia to go with us to an electronic party on the beach. We were all very happy that Claudia was with us this time!*

Claudia no sabe mucho de moda y estilo así que Alfredo le ayudó a elegir qué ponerse y cómo maquillarse. Luego de esta transformación Claudia se veía hermosa, realmente parecía una estrella de Hollywood.

*Claudia doesn't know much about fashion and style so Alfredo helped her choose what to wear and how to put on makeup. After this transformation, Claudia looked beautiful, she really looked like a Hollywood star.*

Cuando fuimos a la fiesta había mucha gente, estaba repleto de personas jóvenes y no tan jóvenes. Todo el mundo había venido porque un DJ muy famoso había sido invitado a tocar en la fiesta.

*When we went to the party there were a lot of people, it was full of young people and not so young. Everyone had come because a very famous DJ had been invited to play at the party.*

La música era muy buena y el ambiente era relajado. Todos sentimos que venir a la fiesta había sido una muy buena decisión. Los chicos y yo decidimos ir a bailar, pero Claudia no quiso.

*The music was very good and the atmosphere was relaxed. We all felt that coming to the party had been a very good decision. The boys and I decided to go dancing, but Claudia didn't want to.*

¡Claudia es tan tímida! No le gusta bailar y permaneció sentada tomando algo mientras nosotros fuimos a disfrutar la música.

*Claudia is so shy! She does not like to dance and sat drinking something while we went to enjoy the music.*

Después de un poco más de una hora nos cansamos de bailar y volvimos al lugar donde habíamos dejado a Claudia, pero no la encontramos ¿Dónde estaba nuestra amiga? Nos asustamos mucho y temimos lo peor.

*After a little over an hour we got tired of dancing and went back to the place where we had left Claudia, but we couldn't find her. Where was our friend? We were very scared and feared the worst.*

La llamamos muchas veces pero no contestaba el teléfono. Teníamos mucho temor de que algo le hubiera pasado. Buscamos a Claudia entre la multitud y preguntamos a muchas personas si habían visto a alguien como ella, pero nadie nos daba información útil y no pudimos encontrarla.

*We called her many times but she would not answer the phone. We were very afraid that something had happened to her. We searched the crowd for Claudia and asked many people if they had seen someone like her, but no one gave us useful information and we couldn't find her.*

Luego de un par de horas la fiesta terminó y la gente comenzó a irse a sus casas. Había ya muy poca gente y entonces la vimos: ¡Claudia estaba con un chico, besándolo! Fue un gran alivio y a la vez una gran sorpresa ver a nuestra tímida amiga tan afectuosa con un desconocido.

*After a couple of hours the party ended and people began to go home. There were already very few people and then we saw her: Claudia was with a boy, kissing him! It was a great relief and at the same time a great surprise to see our shy friend so affectionate with a stranger.*

Al vernos, Claudia se disculpó por no haber respondido su teléfono porque la música de la fiesta estaba tan fuerte que no lo escuchó. A nosotros lo único que nos importaba era tener a nuestra amiga sana y salva.

*Upon seeing us, Claudia apologized for not answering her phone because the music from the party was so loud that she did not hear it. The only thing that mattered to us was having our friend safe and sound.*

Luego, Claudia y su nuevo amigo se intercambiaron sus números de teléfono y se despidieron con un beso. Al ir caminando de regreso a nuestro departamento, Claudia nos contó sobre su nuevo amigo Juan.

*Later, Claudia and her new friend exchanged their phone numbers and said goodbye with a kiss. As we walked back to our apartment, Claudia told us about her new friend Juan.*

Esa noche, cuando nosotros la dejamos para ir a bailar Juan se acercó a saludar a Claudia y le comenzó a hablar. A pesar de la timidez de Claudia, poco a poco se hicieron amigos y más que amigos.

*That night, when we left her to go dancing, Juan came over to greet Claudia and started talking to her. Despite Claudia's shyness, little by little they became friends and more than friends.*

Juan es un chico alto y muy atractivo, tiene veinticuatro años y es un argentino de vacaciones en Chile, además es un muy buen bailarín de tango que ha ganado competencias de tango en su país.

*Juan is a tall and very attractive boy, he is twenty-four years old and he is an Argentine on vacation in Chile, he is also a very good tango dancer who has won tango competitions in his country.*

Al día siguiente fuimos a Valparaíso, una interesante ciudad cercana a Viña del Mar y Claudia invitó también a su nuevo amigo Juan. La forma más conveniente de ir desde Viña del Mar a Valparaíso es tomar el metro que une estas dos ciudades.

*The next day we went to Valparaíso, an interesting city near Viña del Mar and Claudia also invited her new friend Juan. The most convenient way to go from Viña del Mar to Valparaíso is to take the metro that connects these two cities.*

Llegamos en menos de media hora y de inmediato nos encantó esta pintoresca ciudad. Valparaíso es un puerto famoso por la colorida arquitectura que cubre sus cerros dándole una apariencia única e inolvidable.

*We arrived in less than half an hour and immediately loved this picturesque city. Valparaíso is a port famous for the colorful architecture that covers its hills, giving it a unique and unforgettable appearance.*

Valparaíso es también un lugar reconocido por su arte callejero, la cantidad de murales en sus calles es impresionante. Puedes pasar horas caminando y subiendo los cerros y nunca acabarás de descubrir nuevas obras de arte callejero.

*Valparaíso is also a place recognized for its street art, the amount of murals in its streets is impressive. You can spend hours walking and climbing the hills and you will never finish discovering new works of street art.*

Fuimos también a la casa del poeta chileno Pablo Neruda llamada "La Sebastiana" . Aquí se pueden observar muchos objetos interesantes coleccionados por el poeta a través de su vida, además la casa destaca por la belleza de su construcción y su magnífica vista a la bahía del puerto.

*We also went to the house of the Chilean poet Pablo Neruda called "La Sebastiana". Here you can see many interesting objects collected by the poet throughout his life, in addition the house stands out for the beauty of its construction and its magnificent view of the harbor bay.*

Valparaíso es sin duda un lugar que hay que visitar al menos una vez en la vida.

*Valparaíso is undoubtedly a place that you have to visit at least once in your life.*

Durante la semana que estuvimos en Viña del Mar fuimos varias veces a Valparaíso, pero sólo la primera vez acompañados por Claudia y Juan.
*During the week we were in Viña del Mar we went to Valparaíso several times, but only the first time accompanied by Claudia and Juan.*

¿Quién lo habría pensado? Nuestra tímida amiga encontró su primer amor de verano en estas vacaciones y pasó el resto de los días junto a él.
*Who would have thought? Our shy friend found her first summer love on this vacation and spent the rest of the days with him.*

Al terminar la semana Juan debía partir a Buenos Aires y nosotros a Santiago, así que Claudia y Juan se despidieron prometiéndose que el próximo año volverían a encontrarse aquí.
*At the end of the week Juan had to leave for Buenos Aires and we for Santiago, so Claudia and*

*Juan said goodbye, promising that next year they would meet here again.*

No sé si Juan y Claudia cumplirán su promesa de volver a verse en Viña del Mar el año próximo ¿Quién sabe? ¿Será esto más que un amor de verano?
*I don't know if Juan and Claudia will fulfill their promise to see each other again in Viña del Mar next year. Who knows? Will this be more than a summer love?*

No lo sé, pero Diego, Alfredo y yo probablemente iremos a otro lugar las siguientes vacaciones ¡Hay tantos lugares interesantes por descubrir!
*I don't know, but Diego, Alfredo and I will probably go somewhere else the next vacation. There are so many interesting places to discover!*

## La quinceañera de mi mejor amiga
*My best friend's quinceañera*

Me llamo Patricia, tengo quince años y vivo en Ciudad de México. Vivo con mi padre, mi madre y mi hermano pequeño de diez años.
*My name is Patricia, I am fifteen years old and I live in Mexico City. I live with my father, my mother and my ten year old little brother.*

Tenemos también un pequeño perro chihuahua llamado Pepo y dos canarios en una jaula ¡Me encanta escucharlos cantar en las mañanas!
*We also have a small Chihuahua named Pepo and two canaries in a cage. I love hearing them sing in the morning!*

Como ya dije al comienzo, tengo quince años, esta es una edad muy importante en mi país.
*As I said at the beginning, I am fifteen years old, this is a very important age in my country.*

En México cuando una chica cumple quince años se celebra una gran fiesta.

*In Mexico, when a girl turns fifteen, a great party is celebrated.*

La fiesta empieza con la llegada de la quinceañera, que luce un vestido confeccionado especialmente para la ocasión, por lo general de un diseño inspirado en los vestidos utilizados en los bailes europeos antiguos.

*The party begins with the arrival of the quinceañera, who wears a dress made especially for the occasion, usually a design inspired by the dresses used in ancient European dances.*

La idea es que este día especial toda chica debe tener la fantasía de verse y sentirse como una hermosa princesa.

*The idea is that this special day every girl should have the fantasy of looking and feeling like a beautiful princess.*

Los festejos empiezan con la entrada de la quinceañera acompañada por el brazo de su padre, acompañada además de música y los aplausos de los invitados.

*The festivities begin with the entrance of the quinceañera accompanied by her father's arm, accompanied by music and the applause of the guests.*

Luego empieza el vals, en el cual la chica baila primero con su padre y luego con parientes y amigos. Por su puesto también hay un gran banquete en el cual se realizan brindis en honor de la quinceañera.

*Then the waltz begins, in which the girl dances first with her father and then with relatives and friends. Of course there is also a great banquet in which toasts are made in honor of the quinceañera.*

La fiesta de quince años es sin duda una celebración inolvidable para toda chica.

*The quinceañera is undoubtedly an unforgettable celebration for every girl.*

Hace unos pocos meses tuve mi fiesta de quince, pero no quiero contarles sobre mi fiesta, sino la fiesta de quince de mi mejor amiga Consuelo la que fue el fin de semana pasado.

*A few months ago I had my quinceañera, but I don't want to tell you about my party, but my best friend Consuelo's quinceañera which was last weekend.*

Consuelo y yo somos compañeras de clase y pasamos todo el día juntas, nos llevamos muy bien.
*Consuelo and I are classmates and we spend the whole day together, we get along very well.*

Quería verme muy bien para la fiesta de quince de mi amiga, así que el día antes había ido al centro comercial para comprar un vestido nuevo para usar en la fiesta.
*I wanted to look great for my friend's quinceañera, so the day before I had gone to the mall to buy a new dress to wear to the party.*

Ese día me levanté muy temprano para ir a comprar un vestido y accesorios. Fui acompañada de mi mamá, ella siempre va conmigo de compras. Había muchos vestidos muy bonitos de todos colores, fue muy difícil elegir uno.
*That day I got up very early to go shopping for a dress and accessories. I was accompanied by my mother, she always goes shopping with me. There*

*were so many beautiful dresses of all colors, it was very difficult to choose one.*

Finalmente, después de pasar horas en el probador, mi elección fue un vestido rojo. El rojo es mi color favorito y el diseño del vestido era muy moderno y elegante. Sin embargo, había un pequeño problema: el vestido era muy, muy ajustado.

*Finally, after spending hours in the fitting room, my choice was a red dress. Red is my favorite color and the design of the dress was very modern and elegant. However, there was a slight problem: the dress was very, very tight.*

Mi mamá me aconsejó que eligiera un vestido un poco más cómodo para poder disfrutar más la fiesta, pero pensé que esta era una ocasión especial y valía la pena estar un poco incómoda con tal de verse tan bien.

*My mom advised me to choose a slightly more comfortable dress so that I could enjoy the party more, but I thought this was a special occasion and it was worth being a bit uncomfortable to look so good.*

Luego, fui a la zapatería y compré zapatos de tacón también rojos que combinaban perfectamente con mi vestido. Por último fui a la joyería y compré un par de aretes y un collar de plata ¡Todo era muy bonito!

*Later, I went to the shoe store and bought red heels that went perfectly with my dress. Finally I went to the jewelry store and bought a pair of earrings and a silver necklace. It was all very beautiful!*

Ah, pero lo olvidaba, el día siguiente, justo antes de la fiesta de quince de mi amiga, fui al salón de belleza. Allí me maquillaron, me pintaron las uñas y me peinaron el cabello. Al terminar me miré en el espejo y creo que nunca antes me había visto tan hermosa.

*Ah, but I forgot, the next day, just before my friend's quinceañera, I went to the beauty salon. There they did my make up, painted my nails and combed my hair. When I finished I looked at myself in the mirror and I think I had never seen myself so beautiful before.*

Cuando Consuelo hizo su entrada en su fiesta de quince todo el mundo quedó impresionado de lo bonita que se veía. Llevaba un vestido rosa de encaje, parecía una verdadera princesa.

*When Consuelo made her entrance to her quinceañera, everyone was impressed by how pretty she looked. She was wearing a pink lace dress, she looked like a real princess.*

Todo salió perfecto y comenzamos a cenar ¡La comida estaba deliciosa! Había salmón asado y langosta rellena. A mí me encanta el pescado y los mariscos, así que comí mucho. Luego de la cena llegó el momento de bailar.

*Everything went perfect and we started to have dinner. The food was delicious! There was grilled salmon and stuffed lobster. I love fish and shellfish, so I ate a lot. After dinner it was time to dance.*

Yo me sentía muy bien con mi vestido rojo, pero como había comido tanto y el vestido era muy ajustado ahora me sentía muy incómoda.

*I felt very good in my red dress, but since I had eaten so much and the dress was very tight, now I felt very uncomfortable.*

Casi no podía respirar, pero eso no me importaba porque Daniel, el chico más guapo del colegio me había invitado a bailar. Daniel es muy alto, inteligente y un muy buen jugador de tenis ¡Es el chico perfecto!

*I could hardly breathe, but that didn't matter to me because Daniel, the most handsome boy in school, had invited me to dance. Daniel is very tall, intelligent and a very good tennis player. He is the perfect boy!*

La verdad es que apenas podía moverme, pero estaba tan emocionada por bailar con el chico que me gustaba que hice mi mejor esfuerzo por parecer natural.

*The truth is, I could barely move, but I was so excited to dance with the boy I liked that I did my best to look natural.*

Fue horrible porque Daniel quería bailar y yo parecía una momia a pesar de mis esfuerzos por bailar normalmente.

*It was horrible because Daniel wanted to dance and I looked like a mummy despite my efforts to dance normally.*

Después ocurrió lo peor que podría haber pasado: se me rompió el cierre del vestido ¡Un horror!

Then the worst thing that could have happened happened: the zipper of my dress broke. A horror!

Tuve que dejar de bailar y me fui a sentar roja como un tomate. Luego, rápidamente me despedí de Daniel y Consuelo y me fui de la fiesta en un taxi.

*I had to stop dancing and went to sit red as a tomato. Then I quickly said goodbye to Daniel and Consuelo and left the party in a taxi.*

Me fui muy avergonzada con mi vestido rojo roto. La fiesta de quince de Consuelo terminó siendo una horrible experiencia para mí, cuando llegué a casa cerré la puerta de mi dormitorio y lloré mucho.

*I left very embarrassed with my torn red dress. Consuelo's quinceañera ended up being a horrible experience for me, when I got home I closed my bedroom door and cried a lot.*

Al día siguiente me sentí también muy mal, pero después hablé sobre lo que me había pasado con mi mamá y me sentí un poco mejor.

*The next day I also felt very bad, but then I talked about what had happened to me with my mother and I felt a little better.*

Esto ocurrió el fin de semana pasado, desde entonces he estado en casa esperando que todo el mundo haya olvidado lo que pasó ¡Qué vergüenza! Creo que nunca antes había estado tan avergonzada.

*This happened last weekend, since then I have been at home hoping that everyone has forgotten what happened. It was so embarrassing! I don't think I've ever been so embarrassed before.*

Pero al menos, todo esto ha servido para que yo aprenda dos cosas: primero, escuchar los consejos de mi madre, y segundo, jamás volver a comprar un vestido demasiado ajustado, no importa cuán hermoso sea.

*But at least all of this has helped me learn two things: first, listen to my mother's advice, and second, never buy a dress that is too tight again, no matter how beautiful.*

## La familia crece
*The family grows*

Mi nombre es Rafael, tengo treinta años y vivo con mi esposa Julia de veintinueve en Lima, la capital de Perú.
*My name is Rafael, I am thirty years old and I live with my twenty-nine-year-old wife Julia in Lima, the capital of Peru.*

Yo soy peruano, pero mi esposa es colombiana, ella llegó a Lima con su familia cuando tenía catorce años.
*I am Peruvian, but my wife is Colombian, she came to Lima with her family when she was fourteen years old.*

A pesar de haber vivido mucho años en Perú, todavía tiene un poco de acento colombiano, lo que me gusta mucho.
*Despite having lived in Peru for many years, she still has a bit of a Colombian accent, which I really like.*

Julia y yo nos conocimos en la fiesta de cumpleaños de un amigo en común hace tres años ¡Fue amor a primera vista! Desde el primer momento que hablamos no dejamos de vernos.

*Julia and I met at a mutual friend's birthday party three years ago. It was love at first sight! From the first moment we spoke we did not stop seeing each other.*

Julia es muy hermosa, tiene el cabello oscuro, la piel morena y es de mediana estatura. Sus ojos son grandes y marrones y tiene una sonrisa perfecta.

*Julia is very beautiful, has dark hair, brown skin and is of medium height. Her eyes are big and brown and she has a perfect smile.*

Para mí es la mujer más bella del mundo. Además, ella es muy encantadora, y tiene un gran sentido del humor e inteligencia.

*For me she is the most beautiful woman in the world. Also, she is very charming, and has a great sense of humor and intelligence.*

Luego de unos meses de salir y conocernos decidimos contraer matrimonio.

*After a few months of dating and meeting we decided to get married.*

Nuestras familias nos dijeron que era demasiado pronto para casarnos y que debíamos esperar un poco de tiempo, pero nosotros estábamos seguros de que queríamos pasar el resto de nuestras vidas juntos.

*Our families said that it was too early to get married and that we should wait a little while, but we were sure that we wanted to spend the rest of our lives together.*

No veíamos razón alguna para postergar nuestra boda. Nos casamos hace dos años en una hermosa y gran fiesta. Tuvimos más de cien invitados y una cena lujosa e inolvidable que recordaremos para siempre.

*We saw no reason to postpone our wedding. We got married two years ago in a beautiful and big party. We had over a hundred guests and a luxurious and unforgettable dinner that we will remember forever.*

Pero lo más increíble fue el vestido de novia de Julia, muy moderno y elegante, creación de un diseñador francés.

*But the most incredible thing was Julia's wedding dress, very modern and elegant, the creation of a French designer.*

Hemos vivido ya dos años juntos y no podríamos estar más felices. Tenemos gustos e intereses muy diferentes, pero nos amamos tanto que eso no importa.

*We have lived together for two years now and we couldn't be happier. We have very different tastes and interests, but we love each other so much that it doesn't matter.*

A Julia le gusta salir a bailar y cantar karaoke, pero lo que más le apasiona es ir de compras. Julia ama estar a la moda y vestir bien.

*Julia likes to go out dancing and sing karaoke, but what she loves most is shopping. Julia loves to be fashionable and to dress well.*

Vamos al centro comercial todos los fines de semana y ella siempre compra un nuevo vestido o alguna joya, sabe mucho de estilo y me ayuda a elegir mis corbatas y camisas porque yo no entiendo mucho de esas cosas.

*We go to the mall every weekend and she always buys a new dress or jewelry, she knows a lot about style and helps me choose my ties and shirts because I don't understand much of those things.*

Yo, en cambio, prefiero pasar mi tiempo yendo de excursión a las montañas o a la playa.

*Instead, I prefer to spend my time hiking in the mountains or on the beach.*

Julia trabaja como secretaria en una importante compañía en el centro de Lima y yo soy profesor de biología en una escuela de las afueras de Lima.

*Julia works as a secretary in an important company in the center of Lima and I am a biology teacher in a school on the outskirts of Lima.*

Me gusta mucho mi trabajo porque me apasiona la ciencia y me gusta mucho enseñar a mis estudiantes.

*I really like my job because I am passionate about science and I really like teaching my students.*

A veces ellos no estudian mucho, pero con un poco de esfuerzo es posible hacer que se interesen en aprender.

*Sometimes they don't study much, but with a little effort it is possible to make them interested in learning.*

El domingo pasado Julia despertó muy enferma, tuvo un dolor de cabeza muy fuerte durante todo el día y no pudo dormir por la noche. Yo estaba muy preocupado por su salud y al día siguiente fui con ella al hospital para que un médico la examinara.

*Last Sunday Julia woke up very ill, she had a very bad headache all day and could not sleep at night. I was very concerned about her health and the next day I went with her to the hospital for a doctor to examine her.*

El hospital más cercano está a una hora de distancia en auto así que mientras íbamos en camino escuchamos un disco entero de nuestro cantante favorito, el mexicano Luis Miguel.

*The closest hospital is an hour away by car so while we were on our way we listened to an entire album by our favorite singer, the Mexican Luis Miguel.*

En el hospital había muchos pacientes y tuvimos que esperar dos horas para que un doctor viera a Julia. Luego de examinar a Julia, el doctor dijo: "Felicitaciones, serán padres".

*There were many patients in the hospital and we had to wait two hours for a doctor to see Julia. After examining Julia, the doctor said, "Congratulations, you will be parents."*

Yo no podía creerlo. Esta noticia fue algo totalmente inesperado, pero estábamos muy felices de recibir esta buena noticia.

*I couldn't believe it. This news was totally unexpected, but we were very happy to receive this good news.*

El camino de regreso a casa lo pasamos pensando qué nombre le daremos al bebé. Fue muy difícil llegar a un acuerdo pero al final decidimos que le llamaremos Fernando si es niño y Lucía si es niña.

*We spent the way back home wondering what name to give the baby. It was very difficult to reach an agreement but in the end we decided that we will call him Fernando if it's a boy and Lucia if it's a girl.*

Al llegar a casa cenamos y empezamos a planear los cambios que haremos en nuestra casa para recibir al nuevo integrante de la familia.

*When we got home we had dinner and began to plan the changes that we will make in our house to welcome the new member of the family.*

Nuestra casa no es muy grande pero es muy bonita. La casa tiene dos pisos, en el primer piso hay una sala de estar, un comedor y la cocina.

*Our house is not very big but it is very pretty. The house has two floors, on the first floor there is a living room, a dining room and the kitchen.*

En el segundo piso está el baño y hay dos dormitorios, en el más grande dormimos Julia y yo y en el más pequeño ahora hay un escritorio y un computador, pero cuando nazca el bebé esta habitación pequeña será su dormitorio.

*On the second floor there is the bathroom and there are two bedrooms, in the largest one Julia and I sleep and in the smallest there is now a desk and a computer, but when the baby is born this small room will be the bedroom.*

Decidimos esperar a saber si el bebé será niño o niña para empezar a hacer cambios en la habitación y comprar la cuna y ropa de bebé.

*We decided to wait to know if the baby will be a boy or a girl to start making changes in the room and buy the crib and baby clothes.*

Ayer fuimos de nuevo al doctor y tuvimos otra gran sorpresa ¡Serán gemelos!

*Yesterday we went to the doctor again and we had another big surprise. They will be twins!*

No lo podíamos creer, nuestra familia va a duplicar su tamaño en unos meses, quizás sea una buena idea mudarnos a una casa más grande, con más espacio para que los niños puedan jugar.

*We could not believe it, our family is going to double in size in a few months, perhaps it is a good idea to move to a bigger house, with more space for the children to play.*

También será necesario comprar dos cunas y el doble de ropa ¡ahora son dos pequeñas criaturas!

*It will also be necessary to buy two cribs and double the clothes, now they are two little creatures!*

## ¿Encontrando el amor en Cancún?
*Finding love in Cancun?*

Alejandra es una mujer norteamericana de veintiocho años, ella vive en Nueva York, pero su familia es de México y sus raíces latinas son una parte innegable de su vida.
*Alejandra is a twenty-eight year old American woman, she lives in New York, but her family is from Mexico and her Latin roots are an undeniable part of her life.*

Sin embargo, ella nunca pensó mucho al respecto, excepto cuando algunos amigos le preguntaban por el origen de su familia.
*However, she never thought much about it, except when some friends asked her about the origin of her family.*

Alejandra sólo había vivido los primeros dos años de su vida en México. Su niñez y adolescencia los pasó en Nueva York. Siempre fue una muy buena estudiante, la mejor de su clase y al momento de decidir a qué dedicarse en el futuro, decidió estudiar derecho.

*Alejandra had only lived the first two years of her life in Mexico. Her childhood and adolescence were spent in New York. She was always a very good student, the best in her class and when deciding what to do in the future, she decided to study law.*

Como ella estaba muy concentrada en sus estudios, no salía mucho ni tenía muchos amigos, pero sus esfuerzos rindieron frutos y durante todos sus estudios logró excelentes calificaciones.

As she was very focused on her studies, she didn't go out much or have many friends, but her efforts paid off and throughout her studies she achieved excellent grades.

Con el correr de los años Alejandra se convirtió en una excelente abogada y ahora trabaja en un bufete de abogados en Manhattan.

Over the years Alejandra became an excellent lawyer and now works at a law firm in Manhattan.

El trabajo de Alejandra es muy demandante y desafiante. Todos los días se levanta muy temprano para ir a trabajar. Comienza todos los días con una ducha fría y música rock.

*Alejandra's job is very demanding and challenging. Every day she gets up very early to go to work. She starts each day with a cold shower and rock music.*

Su desayuno consiste en tostadas con huevos revueltos con un café y un jugo de naranja. Luego de desayunar se viste y toma el metro para ir a trabajar.

*Her breakfast consists of toast with scrambled eggs with coffee and orange juice. After breakfast she gets dressed and takes the subway to go to work.*

A las cinco de la tarde termina su trabajo y regresa a casa. Por lo general cena en casa sola o con alguna amiga. Los fines de semana le gusta salir a trotar en Central Park por las mañanas y por las tardes ir al cine o a visitar algún museo con amigos.

*At five in the afternoon she finishes work and returns home. She usually dines at home alone or with a friend. On weekends she likes to go jogging in Central Park in the mornings and in the afternoons go to the movies or visit a museum with friends.*

Su vida es un poco rutinaria, pero le encanta lo desafiante que es su trabajo y ser de ayuda a sus clientes, además el sueldo es muy bueno.
*Her life is a bit routine, but she loves how challenging her job is and being helpful to her clients, and the salary is very good.*

Una tarde de domingo, después de hacer unas compras, Alejandra recibió una llamada inesperada de alguien que no había visto hace mucho tiempo, era su tía Amelia.
*One Sunday afternoon, after doing some shopping, Alejandra received an unexpected call from someone she hadn't seen for a long time, it was her Aunt Amelia.*

La tía Amelia había regresado a vivir a México hace unos años y desde entonces no habían hablado más que un par de veces por teléfono. La tía Amelia invitó a Alejandra a pasar las vacaciones en su casa en Cancún.
*Aunt Amelia had returned to live in Mexico a few years ago and since then they had not spoken*

*more than a couple of times on the phone. Aunt Amelia invited Alejandra to spend the holidays at her home in Cancun.*

Alejandra aceptó la invitación de inmediato ¿Cómo podría negarse? No veía a su tía Amelia hace muchos años y nunca había ido a Cancún.
*Alejandra accepted the invitation immediately. How could she refuse? He had not seen her aunt Amelia in many years and had never been to Cancun.*

Así que luego de unas semanas solicitó vacaciones, empacó y tomó un vuelo hacia la ciudad mexicana. La tía Amelia la recibió con un gran abrazo y un gran banquete de comida mexicana.
*So after a few weeks she applied for a vacation, packed up and took a flight to the Mexican city. Aunt Amelia received her with a big hug and a great feast of Mexican food.*

A pesar del tiempo sin ver a su tía, Alejandra se sintió como en su casa inmediatamente.
*Despite the time without seeing her aunt, Alejandra felt at home immediately.*

La tía Amelia vivía con su pareja Juan en un hermoso departamento con vista al mar. Las paradisíacas playas de Cancún parecen hechas para estar en una postal.

*Aunt Amelia lived with her partner Juan in a beautiful apartment overlooking the sea. The paradisiacal beaches of Cancun seem made to be on a postcard.*

Las aguas turquesa y la suavidad de su arena blanca le hacen un destino preferido para aquellos que gustan del mar y de unas vacaciones relajadas.

*The turquoise waters and the softness of its white sand make it a preferred destination for those who like the sea and a relaxed vacation.*

En Cancún puede encontrarse de todo para relajarse y disfrutar de una placentera estadía.

*In Cancun you can find everything to relax and enjoy a pleasant stay.*

Además de las playas paradisíacas y los deportes acuáticos hay muchos centros comerciales con tiendas para todos los bolsillos y todos los gustos.

*In addition to the paradisiacal beaches and water sports there are many shopping centers with shops for all budgets and all tastes.*

Además la noche en Cancún es muy activa, con su efervescencia la vida nocturna atrapa en una atmósfera festiva que no se acaba hasta que sale el sol.

*Also, the night in Cancun is very active, with its effervescence the nightlife seizes you in a festive atmosphere that does not end until the sun rises.*

Pero lo que más le interesaba a Alejandra de Cancún no eran las playas ni ir de compras sino los fascinantes vestigios de la antigua civilización maya que se encuentran en las cercanías de Cancún.

*But what Alejandra found most interesing in Cancun was not the beaches or shopping but the fascinating vestiges of the ancient Mayan civilization that are found in the vicinity of Cancun.*

A Alejandra siempre le interesó la arqueología y la arquitectura de tiempos milenarios.

*Alejandra was always interested in archeology and architecture from ancient times.*

Alejandra fue a visitar muchas ruinas mayas cercanas a Cancún que le parecieron muy interesantes, pero sus recuerdos más bellos son las experiencias que tuvo en su viaje a Chichén Itzá que está a sólo un par de horas de distancia de Cancún.

*Alejandra went to visit many Mayan ruins near Cancun that she found very interesting, but her most beautiful memories are the experiences she had on her trip to Chichen Itza which is only a couple of hours away from Cancun.*

Chichén Itzá es uno de los lugares más interesantes de México. Es considerado Patrimonio de la Humanidad y su Pirámide de Kukulkán ha sido reconocida como una de las Siete Nuevas Maravillas del Mundo.

*Chichén Itzá is one of the most interesting places in Mexico. It is considered a World Heritage Site and its Pyramid of Kukulkán has been recognized as one of the New Seven Wonders of the World.*

La zona arqueológica de Chichén Itzá es una de las principales de México, tanto por la belleza de su arquitectura como por su relevancia histórica.

*The Chichén Itzá archaeological zone is one of the main ones in Mexico, both for the beauty of its architecture and for its historical relevance.*

La ciudad permanece en ruinas por siglos. Cuando llegaron los conquistadores españoles, sólo pudieron contemplar lo mismo que nosotros, ya que desde el siglo trece permanecía abandonada, y ya cubierta por una densa vegetación.

*The city remains in ruins for centuries. When the Spanish conquerors arrived, they could only contemplate the same thing as us, because since the thirteenth century it remained abandoned, and already covered by dense vegetation.*

Chichén Itzá fue un centro ceremonial que vivió diferentes épocas desde el nacimiento hasta el esplendor y decadencia del Imperio Maya.

*Chichén Itzá was a ceremonial center that lived through different periods from the birth to the splendor and decline of the Mayan Empire.*

Además de la Pirámide de Kukulkán uno de los principales atractivos de Chichén Itzá es el "Cenote" Sagrado. Éste es un gran pozo de agua de forma circular que los mayas consideraban sagrado.

In addition to the Pyramid of Kukulkán, one of the main attractions of Chichén Itzá is the Sacred "Cenote". This is a large circular waterhole that the Mayans considered sacred.

Fue mientras Alejandra tomaba unas fotografías de este hermoso lugar que ocurrió el evento más importante de su viaje en México.

*It was while Alejandra was taking some photographs of this beautiful place that the most important event of her trip in Mexico occurred.*

Un hombre le pidió si podía tomarle una fotografía y ella lo hizo. Luego comenzaron a conversar y a conocerse.

*A man asked if she could take a picture of him and she did. Then they started talking and getting to know each other.*

Él se llamaba Peter y era un médico norteamericano que vivía también en Nueva York y que estaba de vacaciones por México. Era muy alto y tenía el cabello rubio y los ojos azules.

*His name was Peter and he was an American doctor who also lived in New York and was on vacation in Mexico. He was very tall and had blond hair and blue eyes.*

A Alejandra le pareció muy atractivo y le dio su número de teléfono. Al día siguiente, de vuelta en Cancún tuvieron una cita en un lujoso restaurante.

*Alejandra found him very attractive and gave him her phone number. The next day, back in Cancun, they had a date at a luxurious restaurant.*

La cita fue muy romántica, el restaurante tenía una gran atmósfera y una gastronomía muy sofisticada. Bebieron vino y comieron langosta y ostras.

*The date was very romantic, the restaurant had a great atmosphere and a very sophisticated gastronomy. They drank wine and ate lobster and oysters.*

Luego de cenar fueron a caminar por la orilla de la playa de Cancún ¿Qué podría ser mejor que esta cita con Peter?

*After dinner they went for a walk along the shore of the Cancun beach. What could be better than this date with Peter?*

Alejandra había comenzado a ilusionarse y se imaginó cómo sería continuar teniendo citas con Peter en Nueva York, quizás podrían ser novios y luego ¿Quién sabe? Tal vez vivir juntos, pero sus ilusiones pronto chocarían con la realidad.

*Alejandra had begun to get excited and imagined what it would be like to continue dating Peter in New York, maybe he could be her boyfriend and then who knows? Maybe living together, but her illusions would soon collide with reality.*

Mientras caminaban por la playa Peter le contó que él estaba casado. Esto fue un gran golpe para la pobre Alejandra.

*As they walked along the beach, Peter told her that he was married. This was a great blow to poor Alejandra.*

Ella se puso muy triste, pero hizo como si no le importara para que Peter no se diera cuenta de su desilusión.

*She became very sad, but pretended not to care so that Peter would not notice her disappointment.*

Al día siguiente Peter la llamó nuevamente para invitarla a salir, pero Alejandra no aceptó y se excusó diciendo que ya tenía un compromiso.

*The next day Peter called her again to ask her out, but Alejandra did not accept and excused herself saying that she already had an engagement.*

Ya sólo le quedaban un par de días de vacaciones en Cancún así que Alejandra decidió pasar estos últimos días con su tía Amelia.

*She only had a couple of vacation days left in Cancun so Alejandra decided to spend the last few days with her aunt Amelia.*

Había sido agradable tener la ilusión de haber encontrado un novio tan guapo en un lugar tan exótico, pero Alejandra reflexionó que había muchos peces en el mar y no tenía sentido lamentarse por una desilusión amorosa.
*It had been nice to have the illusion of having found such a handsome boyfriend in such an exotic place, but Alejandra reflected that there were many fish in the sea and there was no point in lamenting a disappointment in love.*

En un par de días regresaría a Nueva York y comenzaría una nueva vida, ¿quién sabe si el amor de su vida estaba esperándola a la vuelta de la esquina?
*In a couple of days she would go back to New York and start a new life, who knows if the love of her life was waiting for her around the corner?*

## ¿Alberto o Luis?
*Alberto or Luis?*

¡Hola María! ¿Qué tal? Yo, muy bien, Como tú sabes, llegué a Buenos Aires hace seis meses y me ha encantado la ciudad.

*Hello Maria! How are you? I'm very well, as you know, I arrived in Buenos Aires six months ago and I love the city.*

Tú sabes lo mucho que me gusta el teatro y aquí siempre hay nuevas producciones, es imposible aburrirse. Además es un lugar excelente para los amantes de los libros.

*You know how much I like the theater and here there are always new productions, it is impossible to get bored. It is also an excellent place for book lovers.*

La librería más famosa de Buenos Aires es "El Ateneo" que se encuentra donde antes había un teatro, conservando la arquitectura original ¡Es impresionante! De hecho, es reconocida como una de las librerías más hermosa del mundo.

*The most famous bookstore in Buenos Aires is "El Ateneo" which is located where there used to be a theater, preserving the original architecture. It's amazing! In fact, it is recognized as one of the most beautiful bookstores in the world.*

Lo he pasado muy bien, y además mi nuevo trabajo es interesante y la paga es buena, mucho mejor que en mi trabajo anterior. No me puedo quejar.

*I've had a great time, and also my new job is interesting and the pay is good, much better than in my previous job. I cannot complain.*

La verdad es que te escribo para contarte lo que me ha pasado estos últimos meses en relación a mi vida sentimental y que me ayudes a tomar una decisión.

*The truth is that I am writing to tell you what has happened to me in recent months in relation to my love life and that you help me make a decision.*

Desde que estábamos en la escuela tú siempre me has dado muy buenos consejos así que confío mucho en tu opinión ¡Haré lo que me digas!

*Since we were in school you have always given me very good advice so I trust your opinion a lot. I will do what you tell me!*

Bueno, iré directo al grano. Ocurre que en las últimas semanas he conocido a dos chicos muy interesantes. Los dos me gustan mucho. Son muy distintos, pero me encantan los dos. El problema es que no sé cuál me gusta más. ¡Qué problema!

*Well, I'll get right to the point. It so happens that in the last few weeks I have met two very interesting guys. I really like them both. They are very different, but I love them both. The problem is that I don't know which one I like best. What a problem!*

Uno se llama Alberto: muy guapo. Lo conocí en un bar, él es músico, y toca la guitarra en un grupo, escribe poesía y canta. Es un gran artista, muy creativo y talentoso. Ha viajado por todo el mundo y ha vivido en Amsterdam y en Nueva York, habla inglés y francés a la perfección.

*One is called Alberto: very handsome. I met him in a bar, he is a musician, and he plays guitar in a group, writes poetry and sings. He is a great artist, very creative and talented. He has traveled all over the world and has lived in Amsterdam and New York, speaks English and French perfectly.*

Tiene además los ojos azules y el cabello rubio y largo, me recuerda mucho a Kurt Cobain y tú sabes cuánto me gustaba él. Definitivamente Alberto es un sueño, todo lo que me gusta en un hombre.

*He also has blue eyes and long blonde hair, he reminds me a lot of Kurt Cobain and you know how much I liked him. Alberto is definitely a dream, everything I like in a man.*

Alberto es fantástico pero, no sé, a veces parece un poco indiferente y poco interesado en tener una relación seria. Por ejemplo, él no me llama nunca, siempre llamo yo.

*Alberto is fantastic but, I don't know, sometimes he seems a bit indifferent and little interested in having a serious relationship. For example, he never calls me, I always call.*

También está viajando todo el tiempo con su banda así que no tiene mucho tiempo para estar conmigo...

*He's also traveling all the time with his band so he doesn't have much time to spend with me ...*

Pero estos últimos meses hemos hecho muchas cosas juntos: hemos ido al teatro, al cine, a conciertos, a bailar ¡Además sabe bailar tango y tú sabes lo que me gusta bailar!

*But in recent months we have done a lot of things together: we have gone to the theater, to the cinema, to concerts, to dance. He also knows how to dance tango and you know how much I like to dance!*

Como Alberto es tan creativo, me ha compuesto una canción, la hemos tocado juntos, yo al piano y él a la guitarra, y suena muy bien. Nunca nadie me había compuesto una canción, Alberto es tan romántico y apasionado, me hace sentir muy especial.

*Because Alberto is so creative, he has composed a song for me, we have played it together, me on piano and he on guitar, and it sounds very good.*

*No one had ever composed a song for me, Alberto is so romantic and passionate, he makes me feel very special.*

Bueno, ahora te contaré sobre mi otro amigo: Luis. Luis es totalmente distinto a Alberto. En realidad, Luis y yo nos parecemos en algunas cosas, porque él también es ingeniero (ha estudiado en Inglaterra como yo por dos años) y está muy centrado en su trabajo. Además es bastante ambicioso, como yo.

*Well, now I will tell you about my other friend: Luis. Luis is totally different from Alberto. Actually, Luis and I are alike in some ways, because he is also an engineer (he has studied in England like me for two years) and he is very focused on his work. He is also quite ambitious, like me.*

Físicamente, Luis no es tan atractivo como Alberto. A pesar de sólo tener treinta años ya está un poco calvo y no es muy atlético. Pero tiene una sonrisa preciosa y un sentido del humor extraordinario, cuando estoy con él siempre estoy riendo.

*Physically, Luis is not as attractive as Alberto. Despite being only thirty years old, he is already a bit bald and not very athletic. But he has a beautiful smile and an extraordinary sense of humor, when I'm with him I'm always laughing.*

La verdad es que lo he pasado muy bien con él. A Luis le encanta ir a restaurantes y comer bien, casi todos los fines de semana vamos a un restaurante nuevo.

*The truth is that I had a great time with him. Luis loves to go to restaurants and eat well, almost every weekend we go to a new restaurant.*

Hemos ido a comer de todo, desde comida china a francesa. Además, me ha invitado a comer a su casa y he conocido a toda su familia ¡Son todos muy simpáticos!

*We have been to eat everything from Chinese to French food. In addition, he has invited me to eat at his house and I have met his whole family, they are all very nice!*

Luis es un encanto, me llama todos los días. Hace unos días me ha dicho que está muy enamorado de mí. Ya sé lo que estás pensando,

Alberto no ha dicho nada de estar enamorado; y además se ha ido porque tiene una gira de dos meses en Europa.

*Luis is a sweetheart, he calls me every day. A few days ago he told me that he is very much in love with me. I know what you're thinking, Alberto hasn't said anything about being in love; And he has also left because he has a two-month tour in Europe.*

Creo que ya sé el consejo que me darás, olvidar a Alberto y empezar una relación seria con Luis. Pero es muy complicado, la verdad Alberto me gusta mucho.

*I think I already know the advice you will give me, forget Alberto and start a serious relationship with Luis. But it's very complicated, I really like Alberto a lot.*

Yo sé que con él no podría tener alguna relación estable, porque él siempre pasa viajando y no parece estar muy interesado en mí, pero los pocos momentos en que puedo compartir con él me siento como en un sueño ¿Podría ser que estoy enamorada de él?

*I know that I could not have a stable relationship with him, because he always travels and does not seem to be very interested in me, but the few moments that I can share with him I feel like in a dream. Could it be that I am in love with him?*

Cuando Luis me dijo que me amaba yo no le respondí. La verdad no sería honesto decirle que yo también lo amo. Creo que quizás sea necesario que pase un tiempo sola reflexionando sobre cuáles son mis sentimientos y qué quiero hacer realmente.

*When Luis told me that he loved me, I didn't answer him. Truly, it would not be honest to tell him that I love him too. I think it may be necessary for me to spend some time alone reflecting on what my feelings are and what I really want to do.*

Bueno, espero tu respuesta para que me aconsejes qué hacer, eres mi mejor amiga y confío en tu sabiduría y buen juicio.

*Well, I wait for your answer so that you advise me what to do, you are my best friend and I trust your wisdom and good judgment.*

¡He escrito tanto de mí misma! No te olvides de contarme cómo van tus estudios en Australia y cómo va tu vida amorosa, la última vez me contaste que uno de tus compañeros de clase te había invitado a salir un par de veces al cine.

*I have written so much about myself! Don't forget to tell me how your studies are going in Australia and how your love life is going, the last time you told me that one of your classmates had invited you to go out a couple of times to the movies.*

¿Cómo resultó eso? ¿Aún siguen saliendo? Cuéntamelo todo, tú sabes lo mucho que me gusta saber las historias de amor de mis amigas.

*How did that turn out? Are you still dating? Tell me everything, you know how much I like to know the love stories of my friends.*

Un beso muy grande.
*A big kiss.*

Rocío

## Entrevista con Pedro Labarca

*Interview with Pedro Labarca*

Pedro Labarca es un importante actor colombiano, ha trabajado además con gran éxito en México, Estados Unidos y otras partes del mundo.

*Pedro Labarca is an important Colombian actor, he has also worked with great success in Mexico, the United States and other parts of the world.*

Actualmente reside en la ciudad de Acapulco en México con su hermosa esposa Lucía. En esta entrevista conoceremos un poco más sobre este exitoso actor, su vida personal y sus sueños para el futuro.

*He currently resides in the city of Acapulco in Mexico with his beautiful wife Lucía. In this interview we will learn a little more about this successful actor, his personal life and his dreams for the future.*

### ¿Cómo es un día típico de Pedro Labarca?

*What is a typical day for Pedro Labarca like?*

Si no estoy trabajando en una película mi vida es completamente normal. Me levanto temprano y desayuno. Luego leo el periódico. A veces con mi esposa salimos a caminar y si hace sol nadamos un poco en la playa, es lo bueno de vivir en Acapulco.

*If I'm not working on a movie, my life is completely normal. I get up early and have breakfast. Then I read the newspaper. Sometimes with my wife we go for a walk and if it's sunny we swim a bit on the beach, it's the good thing about living in Acapulco.*

Me gusta mucho cocinar, así que por lo general paso mucho tiempo en la cocina, pero odio lavar los platos. Mi esposa y yo almorzamos siempre juntos, luego tomamos una siesta.

*I really like to cook, so I usually spend a lot of time in the kitchen, but I hate doing the dishes. My wife and I always have lunch together, then take a nap.*

Luego en la noche por lo general salimos al cine o vamos a comer a un restaurante. De vez en cuando invitamos a nuestros amigos a cenar.

*Later in the evening we usually go out to the movies or go to eat at a restaurant. From time to time we invite our friends to dinner.*

## ¿En qué estás trabajando actualmente?

*What are you currently working on?*

Ahora estoy preparándome para actuar en una película de ciencia ficción sobre un viaje a Marte. Mi personaje es muy interesante, pero prefiero mantener el secreto. Además, estoy trabajando en una telenovela, interpretando al protagonista.

*Now I am preparing to act in a science fiction movie about a trip to Mars. My character is very interesting, but I prefer to keep it a secret. Also, I'm working on a soap opera, playing the lead.*

## ¿Prefieres trabajar en la televisión o en el cine?

*Would you rather work on television or in the cinema?*

Ambos tienen su atractivo, pero en lo personal prefiero el cine, porque los temas son más complejos y desafiantes. Cuando era pequeño quería ser actor de televisión, pero en los últimos años he descubierto que el cine es mi pasión.

*Both have their appeal, but personally I prefer the cinema, because the issues are more complex and challenging. When I was little I wanted to be a television actor, but in recent years I have discovered that cinema is my passion.*

**¿Qué es lo más peligroso que has hecho en tu trabajo como actor?**

*What is the most dangerous thing that you have ever done in your work as an actor?*

¡He hecho muchas cosas peligrosas! Una vez en África tuve que actuar junto con un león. Al principio tenía mucho miedo, pero poco a poco me acostumbré y luego ya no estaba asustado.

*I've done a lot of dangerous things! Once in Africa I had to act together with a lion. At first I was very scared, but little by little I got used to it and then I was no longer scared.*

También he actuado bajo el agua en algunas escenas y he estado en un incendio. Pero sin duda lo más desafiante del trabajo de un actor es pasar muchas horas trabajando ¡He estado trabajando por 20 horas sin parar!

*I have also acted underwater in some scenes and been in a fire. But without a doubt the most challenging part of an actor's job is spending many hours working. I have been working for 20 hours without stopping!*

**¿Qué planes tienes para las próximas vacaciones?**

*What plans do you have for the next vacation?*

Con mi esposa vamos a viajar a Europa por un mes. Iremos a muchos países, Francia, Italia, Suiza y muchos otros. Hemos reservado ya los hoteles y algunos vuelos, nos gusta planificar con anticipación cada cosa que haremos.

*With my wife we are going to travel to Europe for a month. We will go to many countries, France, Italy, Switzerland and many others. We have already booked hotels and some flights, we like to plan in advance each thing we will do.*

Estamos muy emocionados por este viaje, es la primera vez que vamos a Europa juntos así que es algo especial.

*We are very excited about this trip, it is the first time we are going to Europe together so it is something special.*

**¿Hay algo en tu carrera de actor que no has hecho aún y que te gustaría hacer?**
*Is there something in your acting career that you haven't done yet that you would like to do?*

Me gustaría actuar en teatro, ya que toda mi carrera he actuado frente a una cámara, pero nunca para una audiencia en directo.
*I would like to act in theater, since all my career I have acted in front of a camera, but never for a live audience.*

Ya sé, es raro que un actor nunca haya actuado en teatro, pero así se han dado las cosas para mí, empecé en televisión y luego inmediatamente comencé a actuar en cine, así que nunca tuve la oportunidad de actuar en teatro.
*I know, it's weird that an actor has never acted in theater, but that's how things have turned out for me, I started in television and then immediately*

*started acting in movies, so I never had the opportunity to act in theater.*

Hay algo especial en actuar para una audiencia en vivo y creo que es necesario para mi desarrollo profesional y personal.
*There is something special about performing for a live audience and I think it is necessary for my professional and personal development.*

**Ya sabemos que prefieres no hablar en detalle de tu vida personal, pero ¿cómo es la relación que tienes con tu esposa?**
*We already know that you prefer not to talk in detail about your personal life, but what is the relationship you have with your wife like?*

Bueno, como usted ha dicho me gusta mantener mi vida privada realmente privada. No soy como esos actores que se benefician de exponer sus intimidades.
*Well, like you said I like to keep my private life really private. I am not like those actors who benefit from exposing their intimacies.*

Me basta con decir que con Lucía tenemos una excelente relación, con altos y bajos como todas las parejas, pero nos une un gran amor y compromiso con un proyecto de vida en común.

*Suffice it to say that we have an excellent relationship with Lucía, with ups and downs like all couples, but we are united by great love and commitment to a common life project.*

**¿Parte de ese proyecto es tener hijos?**
Is having children part of that project?

Claro que es algo que hemos conversado con Lucía, pero por el momento con lo ocupados que estamos no parece una buena idea.

*Of course, it is something that we have discussed with Lucia, but at the moment with how busy we are it does not seem like a good idea.*

Creo que tener hijos es una gran responsabilidad y me gustaría poder dedicar más tiempo a criar a mis hijos de lo que podría en este momento. El trabajo de un actor puede ser muy demandante.

*I believe that having children is a huge responsibility and I wish I could spend more time*

*raising my children than I could right now. The
work of an actor can be very demanding.*

**Volviendo a lo profesional ¿Qué consejo le
darías a un actor que está comenzando su
carrera?**
*Going back to the professional, what advice
would you give to an actor who is starting his
career?*

Primero es importante educarse, tomar clases
de actuación y danza. Además leer libros de
historia del teatro y muchos guiones.
*First it is important to educate yourself, take
acting and dance classes. Also read theater
history books and many scripts.*

Segundo, es necesario ir a tantas audiciones
como sea posible, no importa cuán pequeño o
extraño sea el papel.
*Second, you need to go to as many auditions as
possible, no matter how small or strange the role
is.*

Y finalmente, cualquiera que quiera una carrera como actor o actriz tiene que aprender a lidiar con el rechazo constante.

*And finally, anyone who wants a career as an actor or actress has to learn to deal with constant rejection.*

La actuación puede ser una vida muy dura, ya que hay mucha competencia y los buenos papeles no son muchos así que un actor principiante tiene que tener la fortaleza para no considerar un "no" como un fracaso o un rechazo personal de parte del director de casting sino como una experiencia de aprendizaje.

*Acting can be a very hard life, as there is a lot of competition and the good roles are not many so a beginning actor has to have the strength not to consider a "no" as a failure or a personal rejection on the part of the casting director, but as a learning experience.*

**Recuerdos de mi abuela**
*Memories of my grandmother*


Mi abuela me enseñó muchas cosas: a cocinar, leer y escribir. Pero lo más importante que aprendí de ella y que definió el resto de mi vida es a pintar, es por ella que me convertí en artista.
*My grandmother taught me many things: how to cook, read and write. But the most important thing that I learned from her and that defined the rest of my life is to paint, it is because of her that I became an artist.*

Mi abuela se llamaba Rosa como yo y falleció hace dos años, pero la recuerdo todos los días con cada pincelada.
*My grandmother was called Rosa like me and she passed away two years ago, but I remember her every day with every brushstroke.*

Ella siempre estaba pintando algún cuadro al óleo y de niña yo pasaba horas contemplando cómo el lienzo blanco se iba poco a poco transformando en una imagen clara y reconocible mientras en el fondo sonaba la música preferida de mi abuela: Mozart.

*She was always painting some oil painting and as a child I spent hours watching the white canvas gradually transform into a clear and recognizable image while in the background my grandmother's favorite music played: Mozart.*

Toda mi familia es chilena, pero mi abuela Rosa era de origen español ¿Cómo es que esta niña española llegó a Chile?

*My whole family is Chilean, but my grandmother Rosa was of Spanish origin. How did this Spanish girl come to Chile?*

Para entenderlo hay que ir al pasado y recordar la Guerra Civil Española, allí el bando republicano fue derrotado por el general Franco y muchos españoles que pertenecían al bando perdedor fueron exiliados.

*To understand it, you have to go to the past and remember the Spanish Civil War, there the Republican side was defeated by General Franco and many Spaniards who belonged to the losing side were exiled.*

Una gran cantidad de hombres, mujeres y niños se vieron obligados a emigrar hacia otras tierras en busca de asilo y refugio. Uno de los países que acogieron exiliados españoles fue Chile.

*Large numbers of men, women and children were forced to migrate to other lands in search of asylum and refuge. One of the countries that welcomed Spanish exiles was Chile.*

Cuando mi abuela llegó a Chile, ella tenía ocho años. Acompañada de su padre y su madre había llegado luego de un largo viaje de treinta días en barco a vapor.

*When my grandmother arrived in Chile, she was eight years old. Accompanied by her father and mother, she had arrived after a long thirty-day journey by steamboat.*

Mi abuela me contaba que después de pasar tanto tiempo viviendo en un barco en medio del mar fue muy emocionante llegar finalmente al puerto de Valparaíso y pisar tierra firme.

*My grandmother told me that after spending so much time living on a ship in the middle of the sea it was very exciting to finally arrive at the port of Valparaíso and step on land.*

Al principio, según ella me contó, había sido un poco difícil acostumbrarse a su nuevo país, la forma de hablar de la gente era distinta y algunas cosas de la cultura del país le parecían extrañas, pero poco a poco se fue acostumbrando a su nuevo país y ya al ser una adolescente no se sentía extranjera y hablaba con un perfecto acento chileno.

*At first, as she told me, it had been a bit difficult to get used to her new country, the way people spoke was different and some things about the country's culture seemed strange to her, but little by little she got used to her new country and, being a teenager, she did not feel a foreigner and spoke with a perfect Chilean accent.*

Mi abuela se casó muy joven, a los diecisiete años. Todo empezó cuando la familia se mudó a un nuevo barrio en Santiago, mi abuelo era un vecino que se enamoró de mi abuela en cuanto la vio, así que solía escribirle cartas de amor que dejaba bajo la puerta.

*My grandmother married very young, at seventeen. It all started when the family moved to a new neighborhood in Santiago, my grandfather was a neighbor who fell in love with my grandmother as soon as he saw her, so he used to write her love letters that he left under the door.*

Ella tenía que esconder las cartas para que sus estrictos padres no las encontraran.
*She had to hide the letters so that her strict parents wouldn't find them.*

A pesar de los esfuerzos de mi abuela, un día su padre  vio al vecino dejando una de las cartas y la leyó ¡Estaba furioso! ¡El vecino estaba seduciendo a su hija! En esos tiempos los padres eran muy sobreprotectores con sus hijas.
*Despite my grandmother's efforts, one day her father saw the neighbor leaving one of the letters and read it. He was furious! The neighbor was seducing his daughter! In those days parents were very overprotective with their daughters.*

Una vez que el romance fue descubierto los padres de mi abuela le dieron dos opciones a la joven pareja: o dejaban este intercambio de cartas de amor o se casaban.

*Once the romance was discovered, my grandmother's parents gave the young couple two options: either they would leave this love letter exchange or they would get married.*

Eligieron esta segunda opción. Debo agradecerles porque de otro modo yo nunca habría nacido.
*They chose this second option. I must thank them because otherwise I would never have been born.*

Mis abuelos nunca se arrepintieron de su decisión y vivieron felices por décadas hasta que ambos murieron el mismo año, sólo separados por unos meses.
*My grandparents never regretted their decision and lived happily for decades until they both died the same year, only separated by a few months.*

Fue poco después del nacimiento de su primer hijo que mi abuela Rosa empezó a dibujar y pintar. Tuvo cinco hijos, en esos tiempos era normal tener cinco o más niños.
*It was shortly after the birth of her first child that my grandmother Rosa began to draw and paint.*

*She had five children, in those times it was normal to have five or more children.*

La segunda de esos niños fue mi madre. Luego de realizar las tareas del hogar mi abuela pasaba algunas horas por la tardes dedicada a sus intereses artísticos.
*The second of those children was my mother. After doing housework, my grandmother spent a few hours in the afternoon dedicated to her artistic interests.*

Ser madre, dueña de casa y artista no era fácil y sólo cuando sus hijos partieron fue posible que ella empezara a darle más tiempo a pintar.
*Being a mother, a housewife and an artist was not easy and it was only when her children left that she began to spend more time on painting.*

La casa donde vivían mis abuelos no era muy grande, pero mi abuela se las arregló para tener espacio para su creatividad.
*The house where my grandparents lived was not very big, but my grandmother managed to make room for her creativity.*

Cuando sus hijos partieron de casa el dormitorio de los niños se convirtió en el taller de mi abuela. Era una habitación muy bien iluminada y colorida, llena de vida y siempre había música en el aire.

*When her children left home, the children's bedroom became my grandmother's workshop. It was a very bright and colorful room, full of life and there was always music in the air.*

Estaba lleno de pinturas de mi abuela, y los óleos que usaba para pintar. También tenía carboncillos, pasteles y acuarelas pero los usaba un poco menos.

*It was full of paintings from my grandmother, and the oils she used to paint. She also had charcoal, pastels, and watercolors but used them a little less.*

No sé cuándo comenzó a pintar ni cómo aprendió, según ella nunca tuvo un profesor ni una educación artística, aunque con lo bien que lo hacía es un poco difícil de creer.

*I don't know when she started painting or how she learned, according to her she never had a*

*teacher or an art education, although with how*
*well she did it is a bit hard to believe.*

De cualquier modo, siempre decía de sí misma que era una artista autodidacta y no había aprendido de nadie más que de las obras de otros artistas, mirando y copiando a los grandes maestros.
*In any case, she always said of herself that she was a self-taught artist and had not learned from anyone other than the works of other artists, watching and copying the great masters.*

Le encantaban los impresionistas franceses, especialmente Monet y Renoir. También el cubismo de Picasso y las visiones surrealistas de Dalí. Tenía varios libros con reproducciones de sus pinturas.
*She loved the French Impressionists, especially Monet and Renoir. Also the cubism of Picasso and the surrealist visions of Dalí. She had several books with reproductions of his paintings.*

Leyendo estos libros de mi abuela aprendí mucho de la historia del arte cuando era niña, tanto así que al empezar a estudiar Arte en la universidad prácticamente ya sabía todo lo que estudié en la clase de Historia del Arte.

*Reading these books from my grandmother I learned a lot about art history when I was a child, so much so that when I started studying art at university I already knew practically everything I studied in Art History class.*

Mi abuela me dejó estos recuerdos y mucho conocimiento artístico, pero también dejó muchos cuadros. La recuerdo pintando cosas de la cocina que arreglaba en distintas posiciones: un tomate, un jarrón de jugo, unas tazas.

*My grandmother left me these memories and a lot of artistic knowledge, but she also left many paintings. I remember her painting things in the kitchen that she arranged in different positions: a tomato, a vase of juice, some cups.*

A veces me pedía a mí o a mi mamá que estuviéramos sentadas por horas y nos pintaba. Dibujaba y pintaba muy bien cualquier cosa, desde la naturaleza muerta a los retratos.

*Sometimes she would ask me or my mother to sit for hours and she would paint us. She drew and painted anything very well, from still life to portraits.*

Todavía hoy conservo un retrato que hizo mi abuela de mi madre y yo, también un paisaje de una playa que pintó en una de sus vacaciones en Uruguay.

*Today I still have a portrait that my grandmother made of my mother and I, also a landscape of a beach that she painted on one of her vacations in Uruguay.*

Mi abuela Rosa es el tesoro más preciado de mi infancia que aún hoy conservo en mi memoria. Y aunque la extrañe en todo momento, siento que me acompaña día a día con sus legados y enseñanzas.

*My grandmother Rosa is the most precious treasure of my childhood that I still keep in my memory today. And although I miss her at all times, I feel that she accompanies me every day with her legacies and teachings.*

Estoy segura que de no ser por ella yo no me habría dedicado al arte así que cada vez que me

enfrento al lienzo blanco agradezco a mi abuela
por haber existido.

*I'm sure that if it weren't for her I wouldn't have
dedicated myself to art, so every time I face the
white canvas I thank my grandmother for having
existed.*

## Una entrevista de trabajo
*A job interview*

Javiera salió de la bañera y luego de envolver una toalla alrededor de su cintura pasó frente al espejo y se dijo a sí misma:
*Javiera got out of the bathtub and after wrapping a towel around her waist, she walked in front of the mirror and said to herself:*

"Mírate Javiera, te ves impresionante y la entrevista de trabajo de hoy seguramente será perfecta y obtendrás ese puesto, encajas perfecto con lo que buscan".
*"Look at you Javiera, you look impressive and today's job interview will surely be perfect and you will get that position, you fit perfectly with what they are looking for".*

En realidad, ella estaba muy nerviosa por esta entrevista, pero esas palabras le ayudaron a darse algo de confianza adicional.
*Actually, she was very nervous about this interview, but those words helped give her some additional confidence.*

Javiera tenía 28 años y desde haberse graduado en administración había trabajado en la misma empresa con mucho éxito, sin embargo hace seis meses que estaba desempleada.

*Javiera was 28 years old and since she graduated in administration she had worked in the same company with great success, however she had been unemployed for six months.*

Había perdido el trabajo por una reducción de personal de la empresa que estaba a punto de la quiebra.

*She had lost her job due to a downsizing of the company that was on the verge of bankruptcy.*

Javiera salió del baño y se dirigió al dormitorio, donde eligió qué ropa ponerse, se decidió por algo simple y clásico, un traje negro muy elegante.

*Javiera left the bathroom and went to the bedroom, where she chose what clothes to wear, she decided on something simple and classic, a very elegant black suit.*

Los zapatos los había comprado el día anterior y eran bellos y sofisticados. Miró al reloj y ya era hora de apresurarse: en una hora tenía la entrevista y desde su casa al lugar de la cita le tomaba unos 50 minutos en metro.

*She had bought the shoes the day before and they were beautiful and sophisticated. She looked at the clock and it was time to hurry: in an hour she had the interview and from her house to the place of the appointment it took about 50 minutes by subway.*

Volvió al baño, se cepilló los dientes y rápidamente se aplicó algo de maquillaje y finalmente el perfume; una fragancia no demasiado llamativa ¡Era una entrevista de trabajo, no una cita!

*She went back to the bathroom, brushed her teeth, and quickly applied some makeup and finally the perfume; a not too flashy fragrance. It was a job interview, not a date!*

Después de darse una última mirada al espejo salió de la casa y tomó el metro. No era hora punta así que había un asiento libre y Javiera se sentó cómodamente.

*After taking one last look in the mirror, she left the house and took the subway. It wasn't rush hour so there was a free seat and Javiera sat down comfortably.*

Para quitarse los nervios decidió escuchar una meditación guiada que solía usar para relajarse y dormir.
*To get rid of her nerves, she decided to listen to a guided meditation that she used to relax and sleep.*

En unos pocos minutos ya se sentía muy relajada, lentamente la relajación se fue incrementando, su respiración más lenta y más profunda. Lentamente se fue quedando dormida, perdida en un profundo sueño.
*In a few minutes she already felt very relaxed, slowly the relaxation increased, her breathing slower and deeper. Slowly she fell asleep, lost in a deep sleep.*

Fue dos horas más tarde cuando un trabajador del metro la despertó. Javiera, apenas se despertó miró el reloj, ¡eran las 5 y la entrevista era a las 4!
*It was two hours later that a subway worker woke her up. Javiera, as soon as she woke up,*

*looked at the clock, it was 5 and the interview was at 4!*

¿Qué hacer? Javiera revisó su teléfono y vio que había un mensaje: "Señorita Javiera, lamentablemente y dado que no asistió a la entrevista el puesto para el que la estábamos considerando ya ha sido asignado a otra persona, por favor no se moleste en venir, ya que la puntualidad y responsabilidad son requisitos necesarios para el cargo."

*What to do? Javiera checked her phone and saw that there was a message: "Miss Javiera, unfortunately and since you did not attend the interview the position for which we were considering you has already been assigned to another person, please do not bother to come, since punctuality and responsibility are necessary requirements for the position. "*

Javiera estaba muy triste y enfadada consigo misma, ya era demasiado tarde para hacer cualquier cosa. Decidió entonces bajarse en esta estación y tomar algo.

*Javiera was very sad and angry with herself, it was too late to do anything. So she decided to get off at this station and have a drink.*

Este era uno de los barrios más ricos de la ciudad, Javiera vivía lejos y nunca venía por aquí así que le pareció una buena oportunidad para distraerse de la mala situación por la que estaba pasando.

*This was one of the richest neighborhoods in the city, Javiera lived far away and never came here so it seemed like a good opportunity to distract herself from the bad situation she was going through.*

Una vez en el exterior fue a un bar cercano a la salida del metro y pidió un whisky en las rocas. El ambiente era muy agradable, había una cálida iluminación que resaltaba la rica textura de los muebles de cuero y caoba.

*Once outside, she went to a bar near the subway exit and ordered a whiskey on the rocks. The atmosphere was very pleasant, there was warm lighting that brought out the rich texture of the leather and mahogany furniture.*

Aún se reprochaba interiormente haber tomado la mala decisión de escuchar esa meditación guiada en un momento como ese, pero poco a poco el whisky fue atenuando su preocupación.

*She still reproached herself for having made the bad decision to listen to that guided meditation at a time like this, but little by little the whiskey lessened her concern.*

A unos pocos metros en la barra había un hombre que la había estado mirando por varios minutos. Javiera se sintió un poco asustada porque su mirada era muy persistente.

*A few feet away at the bar was a man who had been staring at her for several minutes. Javiera felt a little scared because his gaze was very persistent.*

¿Qué querría este hombre? ¿Estaría interesado en ella? ¿Era alguien que había conocido antes pero no recordaba? Muchas preguntas e hipótesis poblaban su mente.

*What would this man want? Would he be interested in her? Was it someone she had met before but didn't remember? Many questions and hypotheses filled her mind.*

Finalmente, el hombre se acercó a ella y se sentó a su lado. Vestía un traje de muy buena calidad sin corbata, usaba un reloj Rolex y un perfume que Javiera no pudo identificar pero sin duda era carísimo.

*Finally, the man walked over to her and sat down next to her. He wore a very good quality suit without a tie, he wore a Rolex watch and a perfume that Javiera could not identify but was undoubtedly very expensive.*

-Disculpe señorita- dijo el hombre- mi nombre es Martín Román y soy director de casting de una compañía de cine ¿Es usted actriz?

*-Excuse me miss- said the man- my name is Martín Román and I am a casting director for a film company. Are you an actress?*

-¿Yo, actriz? Jaja, no, trabajo en administración – respondió Javiera.

*- Me, an actress? Haha, no, I work in administration - Javiera answered.*

-Bueno, eso no tiene importancia, ¿cuál es su nombre?

*-Well, that doesn't matter, what is your name?*

-Javiera.
*-Javiera.*

-Un gusto Javiera. Como le decía, soy director de casting y estamos buscando una actriz nueva para un rol protagónico en una película de muy alto presupuesto.
*-Nice to meet you Javiera. As I was saying, I am a casting director and we are looking for a new actress for a leading role in a very high budget movie.*

Es una comedia romántica que se rodará en distintas locaciones en el mundo. Creo que usted, Javiera, tiene la apariencia perfecta para el rol que buscamos, bella y elegante, con un toque de melancolía.
*It is a romantic comedy that will be shot in different locations around the world. I think you, Javiera, have the perfect appearance for the role we are looking for, beautiful and elegant, with a touch of melancholy.*

Con respecto a su falta de experiencia eso es algo secundario, con unos meses en nuestra academia de talentos será suficiente ¿Estaría usted interesada en esta oportunidad?

*Regarding your lack of experience that is secondary, with a few months in our talent academy it will be enough. Would you be interested in this opportunity?*

Javiera quedó sin palabras, se rió y luego dijo sí con mucho entusiasmo. Martín Román le dio su tarjeta y acordaron una cita para realizar una prueba de cámara en el estudio para el día siguiente.

*Javiera was speechless, laughed and then said yes with great enthusiasm. Martín Román gave her his card and they made an appointment to do a camera test in the studio for the next day.*

Cuando Martín Román se despidió, Javiera se tomó otro whiskey para celebrar y tomó el metro de regreso a casa.

*When Martín Román said goodbye, Javiera had another whiskey to celebrate and took the subway back home.*

En el camino pensó que si no se hubiera dormido esta tarde y si no hubiera perdido su entrevista de trabajo, jamás habría estado en ese bar para ser descubierta por ese hombre.

*On the way she thought that if she hadn't fallen asleep this afternoon and if she hadn't missed her job interview, she would never have been to that bar to be discovered by that man.*

¡Qué loca es la vida! Lo que se había dicho frente al espejo esta mañana era muy cierto, sólo que no del modo en que ella lo imaginaba ¿Quién podría haber imaginado que hoy, por quedarse dormida iba a tener un cambio tan grande en su vida?

*How crazy life is! What had been said to herself in front of the mirror this morning was very true, just not in the way she imagined it. Who could have imagined that today, by falling asleep, she would have such a big change in her life?*

Todo era impresionante e increíble, lo único cierto es que mañana daría sus primeros pasos en su nueva carrera. Sus amigos siempre le habían dicho que era muy atractiva y tenía una belleza de Hollywood, pero nunca lo había tomado muy en serio.

*Everything was amazing and incredible, the only certainty is that tomorrow she would take her first steps in her new career. Her friends had always told her that she was very attractive and had a Hollywood beauty, but she had never taken it too seriously.*

Había sido un día demasiado interesante y ya estaba cansada, llegando a casa se acostó en su cómoda cama con paz y alegría, mañana empezaría su nueva vida como actriz.

*It had been too interesting a day and she was already tired, arriving home she lay down in her comfortable bed with peace and joy, tomorrow she would begin her new life as an actress.*

## Vacaciones en Viña del Mar

Me llamo Javier Cruz y tengo veinte años. Nací en Venezuela, pero vivo en Santiago, Chile, desde hace más de diez años. Estudio ingeniería en la universidad y me gusta mucho practicar deportes como el fútbol y el vóleibol, además los fines de semana me gusta pasar horas jugando videojuegos con mis amigos. Mi vida es un poco aburrida porque paso mucho tiempo estudiando, pero el verano pasado fue muy divertido.

En febrero fui de vacaciones con unos amigos a Viña del Mar. Viña del Mar es una ciudad de Chile muy turística con hermosas playas, una excelente opción para pasar un buen verano no muy lejos de Santiago. En Viña del Mar hay muchos centros comerciales, bares, discotecas y lugares de entretenimiento para todos los gustos. Mis amigos y yo arrendamos un departamento al lado de la playa por una semana. Es un placer pasar el tiempo con tus amigos en una ciudad tan bonita y con una espectacular vista al mar ¡Los atardeceres son muy bellos!

Mis amigos y yo somos cuatro. Claudia es de Santiago también y tiene veintiún años, estudia ingeniería conmigo y en su tiempo libre le encanta cocinar. He probado los platos de Claudia y son deliciosos, Claudia es muy buena cocinera y una chica muy simpática, pero es un poco tímida e introvertida. Diego es del sur de Chile, de Valdivia, tiene veinte años y estudia medicina, pero su pasión son los autos deportivos. Él es muy sociable, le encantan las fiestas y conocer gente nueva. Por último está Alfredo, él es estudiante de diseño de interiores y le interesa mucho la moda y las últimas tendencias. Mis amigos y yo nos conocemos hace un par de años y, a pesar de tener intereses muy distintos nos llevamos muy bien así que vivir con ellos por una semana fue muy agradable.

El primer día de nuestras vacaciones fue muy bueno. En la mañana nos levantamos muy temprano para aprovechar el día. Fuimos a la playa, entramos al mar y nadamos por horas, luego Diego y yo jugamos vóleibol mientras Claudia y Alfredo tomaban el sol. Al mediodía ya hacía mucho calor y volvimos al departamento. Con un poco de nuestra ayuda, Claudia preparó un excelente pescado para el almuerzo y después tomamos una siesta hasta las seis de la tarde.

La primera noche de nuestras vacaciones decidimos ir a un bar cercano, pero Claudia no quiso ir. Claudia dijo que estaba muy cansada y tenía sueño. Diego, Alfredo y yo pasamos una noche muy divertida, bebimos mucha cerveza y conversamos hasta muy tarde, pero nos sentimos un poco mal porque Claudia estaba sola en el departamento mientras nosotros lo pasábamos muy bien. Como ya he dicho antes, Claudia no es muy sociable y no le gusta salir mucho, probablemente su cansancio era sólo una excusa para quedarse en casa.

El segundo día de vacaciones fuimos a la playa también. En la noche, con mucho esfuerzo logramos convencer a Claudia de ir con nosotros a una fiesta electrónica en la playa ¡Todos estábamos muy contentos de que

Claudia fuera con nosotros esta vez! Claudia no sabe mucho de moda y estilo así que Alfredo le ayudó a elegir qué ponerse y cómo maquillarse. Luego de esta transformación Claudia se veía hermosa, realmente parecía una estrella de Hollywood.

Cuando fuimos a la fiesta había mucha gente, estaba repleto de personas jóvenes y no tan jóvenes. Todo el mundo había venido porque un DJ muy famoso había sido invitado a tocar en la fiesta. La música era muy buena y el ambiente era relajado. Todos sentimos que venir a la fiesta había sido una muy buena decisión. Los chicos y yo decidimos ir a bailar, pero Claudia no quiso ¡Claudia es tan tímida! No le gusta bailar y permaneció sentada tomando algo mientras nosotros fuimos a disfrutar la música.

Después de un poco más de una hora nos cansamos de bailar y volvimos al lugar donde habíamos dejado a Claudia, pero no la encontramos ¿Dónde estaba nuestra amiga? Nos asustamos mucho y temimos lo peor. La llamamos muchas veces pero no contestaba el teléfono. Teníamos mucho temor de que algo le hubiera pasado. Buscamos a Claudia entre la multitud y preguntamos a muchas personas si habían visto a alguien como ella, pero nadie nos daba información útil y no pudimos encontrarla. Luego de un par de horas la fiesta terminó y la gente comenzó a irse a sus casas. Había ya muy poca gente y entonces la vimos: ¡Claudia estaba con un chico, besándolo! Fue un gran alivio y a la vez una gran sorpresa ver a nuestra tímida amiga tan afectuosa con un desconocido.

Al vernos, Claudia se disculpó por no haber respondido su teléfono porque la música de la fiesta estaba tan fuerte que no lo escuchó. A nosotros lo único que nos importaba era tener a nuestra amiga sana y salva. Luego, Claudia y su nuevo amigo se intercambiaron sus números de teléfono y se despidieron con un beso. Al ir caminando de regreso a nuestro departamento, Claudia nos contó sobre su nuevo amigo Juan. Esa noche, cuando nosotros la dejamos para ir a bailar Juan se acercó a saludar a Claudia y le comenzó a hablar. A pesar de la timidez de Claudia, poco a poco se hicieron amigos y más que amigos. Juan es un chico alto y muy atractivo, tiene veinticuatro años y es un argentino de vacaciones en Chile, además es un muy buen bailarín de tango que ha ganado competencias de tango en su país.

Al día siguiente fuimos a Valparaíso, una interesante ciudad cercana a Viña del Mar y Claudia invitó también a su nuevo amigo Juan. La forma más conveniente de ir desde Viña del Mar a Valparaíso es tomar el metro que une estas dos ciudades. Llegamos en menos de media hora y de inmediato nos encantó esta pintoresca ciudad. Valparaíso es un puerto famoso por la colorida arquitectura que cubre sus cerros dándole una apariencia única e inolvidable.

Valparaíso es también un lugar reconocido por su arte callejero, la cantidad de murales en sus calles es impresionante. Puedes pasar horas caminando y subiendo los cerros y nunca acabarás de descubrir nuevas obras de arte callejero. Fuimos también a la casa del poeta chileno Pablo Neruda llamada "La Sebastiana". Aquí se pueden observar muchos objetos interesantes coleccionados por el poeta a través de su vida, además la casa destaca por la belleza de su construcción y su magnífica vista a la bahía del puerto. Valparaíso es sin duda un lugar que hay que visitar al menos una vez en la vida.

Durante la semana que estuvimos en Viña del Mar fuimos varias veces a Valparaíso, pero sólo la primera vez acompañados por Claudia y Juan ¿Quién lo habría pensado? Nuestra tímida amiga encontró su primer amor de verano en estas vacaciones y pasó el resto de los días junto a él. Al terminar la semana Juan debía partir a Buenos Aires y nosotros a Santiago, así que Claudia y Juan se despidieron prometiéndose que el próximo año volverían a encontrarse aquí.

No sé si Juan y Claudia cumplirán su promesa de volver a verse en Viña del Mar el año próximo ¿Quién sabe? ¿Será esto más que un amor de verano? No lo sé, pero Diego, Alfredo y yo probablemente iremos a otro lugar las siguientes vacaciones ¡Hay tantos lugares interesantes por descubrir!

## La familia crece

Mi nombre es Rafael, tengo treinta años y vivo con mi esposa Julia de veintinueve en Lima, la capital de Perú. Yo soy peruano, pero mi esposa es colombiana, ella llegó a Lima con su familia cuando tenía catorce años. A pesar de haber vivido mucho años en Perú, todavía tiene un poco de acento colombiano, lo que me gusta mucho.

Julia y yo nos conocimos en la fiesta de cumpleaños de un amigo en común hace tres años ¡Fue amor a primera vista! Desde el primer momento que hablamos no dejamos de vernos. Julia es muy hermosa, tiene el cabello oscuro, la piel morena y es de mediana estatura. Sus ojos son grandes y marrones y tiene una sonrisa perfecta. Para mí es la mujer más bella del mundo. Además, ella es muy encantadora, y tiene un gran sentido del humor e inteligencia.

Luego de unos meses de salir y conocernos decidimos contraer matrimonio. Nuestras familias nos dijeron que era demasiado pronto para casarnos y que debíamos esperar un poco de tiempo, pero nosotros estábamos seguros de que queríamos pasar el resto de nuestras vidas juntos. No veíamos razón alguna para postergar nuestra boda. Nos casamos hace dos años en una hermosa y gran fiesta. Tuvimos más de cien invitados y una cena lujosa e inolvidable que recordaremos para siempre. Pero lo más increíble fue el vestido de novia de Julia, muy moderno y elegante, creación de un diseñador francés.

Hemos vivido ya dos años juntos y no podríamos estar más felices. Tenemos gustos e intereses muy diferentes, pero nos amamos tanto que eso no importa. A Julia le gusta salir a bailar y cantar karaoke, pero lo que más le apasiona es ir de compras. Julia ama estar a la moda y vestir bien. Vamos al centro comercial todos los fines de semana y ella siempre compra un nuevo vestido o alguna joya, sabe mucho de estilo y me ayuda a elegir mis corbatas y camisas porque yo no entiendo mucho de esas cosas. Yo, en cambio, prefiero pasar mi tiempo yendo de excursión a las montañas o a la playa.

Julia trabaja como secretaria en una importante compañía en el centro de Lima y yo soy profesor de biología en una escuela de las afueras de Lima. Me gusta mucho mi trabajo porque me apasiona la ciencia y me gusta mucho enseñar a mis estudiantes. A veces ellos no estudian mucho, pero con un poco de esfuerzo es posible hacer que se interesen en aprender.

El domingo pasado Julia despertó muy enferma, tuvo un dolor de cabeza muy fuerte durante todo el día y no pudo dormir por la noche. Yo estaba muy preocupado por su salud y al día siguiente fui con ella al hospital para que un médico la examinara.

El hospital más cercano está a una hora de distancia en auto así que mientras íbamos en camino escuchamos un disco entero de nuestro cantante favorito, el mexicano Luis Miguel. En el hospital había muchos pacientes y tuvimos que esperar dos horas para que un doctor viera a

Julia. Luego de examinar a Julia, el doctor dijo: "Felicitaciones, serán padres". Yo no podía creerlo. Esta noticia fue algo totalmente inesperado, pero estábamos muy felices de recibir esta buena noticia.

El camino de regreso a casa lo pasamos pensando qué nombre le daremos al bebé. Fue muy difícil llegar a un acuerdo pero al final decidimos que le llamaremos Fernando si es niño y Lucía si es niña. Al llegar a casa cenamos y empezamos a planear los cambios que haremos en nuestra casa para recibir al nuevo integrante de la familia.

Nuestra casa no es muy grande pero es muy bonita. La casa tiene dos pisos, en el primer piso hay una sala de estar, un comedor y la cocina. En el segundo piso está el baño y hay dos dormitorios, en el más grande dormimos Julia y yo y en el más pequeño ahora hay un escritorio y un computador, pero cuando nazca el bebé esta habitación pequeña será su dormitorio. Decidimos esperar a saber si el bebé será niño o niña para empezar a hacer cambios en la habitación y comprar la cuna y ropa de bebé.

Ayer fuimos de nuevo al doctor y tuvimos otra gran sorpresa ¡Serán gemelos! No lo podíamos creer, nuestra familia va a duplicar su tamaño en unos meses, quizás sea una buena idea mudarnos a una casa más grande, con más espacio para que los niños puedan jugar. También será necesario comprar dos cunas y el doble de ropa ¡ahora son dos pequeñas criaturas!

## ¿Encontrando el amor en Cancún?

Alejandra es una mujer norteamericana de veintiocho años, ella vive en Nueva York, pero su familia es de México y sus raíces latinas son una parte innegable de su vida. Sin embargo, ella nunca pensó mucho al respecto, excepto cuando algunos amigos le preguntaban por el origen de su familia.

Alejandra sólo había vivido los primeros dos años de su vida en México. Su niñez y adolescencia los pasó en Nueva York. Siempre fue una muy buena estudiante, la mejor de su clase y al momento de decidir a qué dedicarse en el futuro, decidió estudiar derecho. Como ella estaba muy concentrada en sus estudios, no salía mucho ni tenía muchos amigos, pero sus esfuerzos rindieron frutos y durante todos sus estudios logró excelentes calificaciones. Con el correr de los años Alejandra se convirtió en una excelente abogada y ahora trabaja en un bufete de abogados en Manhattan.

El trabajo de Alejandra es muy demandante y desafiante. Todos los días se levanta muy temprano para ir a trabajar. Comienza todos los días con una ducha fría y música rock. Su desayuno consiste en tostadas con huevos revueltos con un café y un jugo de naranja. Luego de desayunar se viste y toma el metro para ir a trabajar. A las cinco de la tarde termina su trabajo y regresa a casa. Por lo general cena en casa sola o con alguna amiga. Los fines de semana le gusta salir a trotar en Central Park por las mañanas y por las tardes ir al cine o a visitar algún museo con amigos. Su vida es un poco rutinaria, pero le encanta lo desafiante que es su trabajo y ser de ayuda a sus clientes, además el sueldo es muy bueno.

Una tarde de domingo, después de hacer unas compras, Alejandra recibió una llamada inesperada de alguien que no había visto hace mucho tiempo, era su tía Amelia. La tía Amelia había regresado a vivir a México hace unos años y desde entonces no habían hablado más que un par de veces por teléfono. La tía Amelia invitó a Alejandra a pasar las vacaciones en su casa en Cancún.

Alejandra aceptó la invitación de inmediato ¿Cómo podría negarse? No veía a su tía Amelia hace muchos años y nunca había ido a Cancún. Así que luego de unas semanas solicitó vacaciones, empacó y tomó un vuelo hacia la ciudad mexicana. La tía Amelia la recibió con un gran abrazo y un gran banquete de comida mexicana. A pesar del tiempo sin ver a su tía, Alejandra se sintió como en su casa inmediatamente.

La tía Amelia vivía con su pareja Juan en un hermoso departamento con vista al mar. Las paradisíacas playas de Cancún parecen hechas para estar en una postal. Las aguas turquesa y la suavidad de su arena blanca le hacen un destino preferido para aquellos que gustan del mar y de unas vacaciones relajadas.

En Cancún puede encontrarse de todo para relajarse y disfrutar de una placentera estadía. Además de las playas paradisíacas y los deportes acuáticos hay muchos centros comerciales con tiendas para todos los bolsillos y todos los gustos. Además la noche en Cancún es muy activa, con su efervescencia la vida nocturna atrapa en una atmósfera festiva que no se acaba hasta que sale el sol.

Pero lo que más le interesaba a Alejandra de Cancún no eran las playas ni ir de compras sino los fascinantes vestigios de la antigua civilización maya que se encuentran en las cercanías de Cancún. A Alejandra siempre le interesó la arqueología y la arquitectura de tiempos milenarios. Alejandra fue a visitar muchas ruinas mayas cercanas a Cancún que le parecieron muy interesantes, pero sus recuerdos más bellos son las experiencias que tuvo en su viaje a Chichén Itzá que está a sólo un par de horas de distancia de Cancún.

Chichén Itzá es uno de los lugares más interesantes de México. Es considerado Patrimonio de la Humanidad y su Pirámide de Kukulkán ha sido reconocida como una de las Siete Nuevas Maravillas del Mundo. La zona arqueológica de Chichén Itzá es una de las principales de México, tanto por la belleza de su arquitectura como por su relevancia histórica.

La ciudad permanece en ruinas por siglos. Cuando llegaron los conquistadores españoles, sólo pudieron contemplar lo mismo que nosotros, ya que desde el siglo trece permanecía abandonada, y ya cubierta por una densa vegetación. Chichén Itzá fue un centro ceremonial que vivió diferentes épocas desde el nacimiento hasta el esplendor y decadencia del Imperio Maya.

Además de la Pirámide de Kukulkán uno de los principales atractivos de Chichén Itzá es el "Cenote" Sagrado. Éste es un gran pozo de agua de forma circular que los mayas consideraban sagrado. Fue mientras Alejandra tomaba unas fotografías de este hermoso lugar que ocurrió el evento más importante de su viaje en México.

Un hombre le pidió si podía tomarle una fotografía y ella lo hizo. Luego comenzaron a conversar y a conocerse. Él se llamaba Peter y era un médico norteamericano que vivía también en Nueva York y que estaba de vacaciones por México. Era muy alto y tenía el cabello rubio y los ojos azules. A Alejandra le pareció muy atractivo y le dio su número de teléfono. Al día siguiente, de vuelta en Cancún tuvieron una cita en un lujoso restaurante.

La cita fue muy romántica, el restaurante tenía una gran atmósfera y una gastronomía muy sofisticada. Bebieron vino y comieron langosta y ostras. Luego de cenar fueron a caminar por la orilla de la playa de Cancún ¿Qué podría ser mejor que esta cita con Peter?

Alejandra había comenzado a ilusionarse y se imaginó cómo sería continuar teniendo citas con Peter en Nueva York, quizás podrían ser novios y luego ¿Quién sabe? Tal vez vivir juntos, pero sus ilusiones pronto chocarían con la realidad. Mientras caminaban por la playa Peter le contó que él estaba casado. Esto fue un gran golpe para la pobre Alejandra. Ella se puso muy triste, pero hizo como si no le importara para que Peter no se diera cuenta de su desilusión.

Al día siguiente Peter la llamó nuevamente para invitarla a salir, pero Alejandra no aceptó y se excusó diciendo que ya tenía un compromiso. Ya sólo le quedaban un par de días de vacaciones en Cancún así que Alejandra decidió pasar estos últimos días con su tía Amelia.

Había sido agradable tener la ilusión de haber encontrado un novio tan guapo en un lugar tan exótico, pero Alejandra reflexionó que había muchos peces en el mar y no tenía sentido lamentarse por una desilusión amorosa. En un par de días regresaría a Nueva York y comenzaría una nueva vida, ¿quién sabe si el amor de su vida estaba esperándola a la vuelta de la esquina?

**La quinceañera de mi mejor amiga**

Me llamo Patricia, tengo quince años y vivo en Ciudad de México. Vivo con mi padre, mi madre y mi hermano pequeño de diez años. Tenemos también un pequeño perro chihuahua llamado Pepo y dos canarios en una jaula ¡Me encanta escucharlos cantar en las mañanas! Como ya dije al comienzo, tengo quince años, esta es una edad muy importante en mi país.

En México cuando una chica cumple quince años se celebra una gran fiesta. La fiesta empieza con la llegada de la quinceañera, que luce un vestido confeccionado especialmente para la ocasión, por lo general de un diseño inspirado en los vestidos utilizados en los bailes europeos antiguos. La idea es que este día especial toda chica debe tener la fantasía de verse y sentirse como una hermosa princesa.

Los festejos empiezan con la entrada de la quinceañera acompañada por el brazo de su padre, acompañada además de música y los aplausos de los invitados. Luego empieza el vals, en el cual la chica baila primero con su padre y luego con parientes y amigos. Por su puesto también hay un gran banquete en el cual se realizan brindis en honor de la quinceañera. La fiesta de quince años es sin duda una celebración inolvidable para toda chica.

Hace unos pocos meses tuve mi fiesta de quince, pero no quiero contarles sobre mi fiesta, sino la fiesta de quince de mi mejor amiga Consuelo la que fue el fin de semana pasado. Consuelo y yo somos compañeras de clase y pasamos todo el día juntas, nos llevamos muy bien. Quería verme muy bien para la fiesta de quince de mi amiga, así que el día antes había ido al centro comercial para comprar un vestido nuevo para usar en la fiesta.

Ese día me levanté muy temprano para ir a comprar un vestido y accesorios. Fui acompañada de mi mamá, ella siempre va conmigo de compras. Había muchos vestidos muy bonitos de todos colores, fue muy difícil elegir uno. Finalmente, después de pasar horas en el probador, mi elección fue un vestido rojo. El rojo es mi color favorito y el diseño del vestido era muy moderno y elegante. Sin embargo, había un pequeño problema: el vestido era muy, muy ajustado. Mi mamá me aconsejó que eligiera un vestido un poco más cómodo para poder disfrutar más la fiesta, pero pensé que esta era una ocasión especial y valía la pena estar un poco incómoda con tal de verse tan bien.

Luego, fui a la zapatería y compré zapatos de tacón también rojos que combinaban perfectamente con mi vestido. Por último fui a la joyería y compré un par de aretes y un collar de plata ¡Todo era muy bonito! Ah, pero lo olvidaba, el día siguiente, justo antes de la fiesta de quince de mi amiga, fui al salón de belleza. Allí me maquillaron, me pintaron las uñas y me peinaron el cabello. Al terminar me miré en el espejo y creo que nunca antes me había visto tan hermosa.

Cuando Consuelo hizo su entrada en su fiesta de quince todo el mundo quedó impresionado de lo bonita que se veía. Llevaba un vestido rosa de encaje, parecía una verdadera princesa. Todo salió perfecto y comenzamos a cenar ¡La comida estaba deliciosa! Había salmón asado y langosta rellena. A mí me encanta el pescado y los mariscos, así que comí mucho. Luego de la cena llegó el momento de bailar.

Yo me sentía muy bien con mi vestido rojo, pero como había comido tanto y el vestido era muy ajustado ahora me sentía muy incómoda. Casi no podía respirar, pero eso no me importaba porque Daniel, el chico más guapo del colegio me había invitado a bailar. Daniel es muy alto, inteligente y un muy buen jugador de tenis ¡Es el chico perfecto!

La verdad es que apenas podía moverme, pero estaba tan emocionada por bailar con el chico que me gustaba que hice mi mejor esfuerzo por parecer natural. Fue horrible porque Daniel quería bailar y yo parecía una momia a pesar de mis esfuerzos por bailar normalmente. Después ocurrió lo peor que podría haber pasado: se me rompió el cierre del vestido ¡Un horror!

Tuve que dejar de bailar y me fui a sentar roja como un tomate. Luego, rápidamente me despedí de Daniel y Consuelo y me fui de la fiesta en un taxi. Me fui muy avergonzada con mi vestido rojo roto. La fiesta de quince de

Consuelo terminó siendo una horrible experiencia para mí, cuando llegué a casa cerré la puerta de mi dormitorio y lloré mucho. Al día siguiente me sentí también muy mal, pero después hablé sobre lo que me había pasado con mi mamá y me sentí un poco mejor.

Esto ocurrió el fin de semana pasado, desde entonces he estado en casa esperando que todo el mundo haya olvidado lo que pasó ¡Qué vergüenza! Creo que nunca antes había estado tan avergonzada. Pero al menos, todo esto ha servido para que yo aprenda dos cosas: primero, escuchar los consejos de mi madre, y segundo, jamás volver a comprar un vestido demasiado ajustado, no importa cuán hermoso sea.

**¿Alberto o Luis?**

¡Hola María! ¿Qué tal? Yo, muy bien, Como tú sabes, llegué a Buenos Aires hace seis meses y me ha encantado la ciudad. Tú sabes lo mucho que me gusta el teatro y aquí siempre hay nuevas producciones, es imposible aburrirse. Además es un lugar excelente para los amantes de los libros. La librería más famosa de Buenos Aires es "El Ateneo" que se encuentra donde antes había un teatro, conservando la arquitectura original ¡Es impresionante! De hecho, es reconocida como una de las librerías más hermosa del mundo.

Lo he pasado muy bien, y además mi nuevo trabajo es interesante y la paga es buena, mucho mejor que en mi trabajo anterior. No me puedo quejar. La verdad es que te escribo para contarte lo que me ha pasado estos últimos meses en relación a mi vida sentimental y que me ayudes a tomar una decisión. Desde que estábamos en la escuela tú siempre me has dado muy buenos consejos así que confío mucho en tu opinión ¡Haré lo que me digas!

Bueno, iré directo al grano. Ocurre que en las últimas semanas he conocido a dos chicos muy interesantes. Los dos me gustan mucho. Son muy distintos, pero me encantan los dos. El problema es que no sé cuál me gusta más. ¡Qué problema!

Uno se llama Alberto: muy guapo. Lo conocí en un bar, él es músico, y toca la guitarra en un grupo, escribe poesía y canta. Es un gran artista, muy creativo y talentoso. Ha viajado por todo el mundo y ha vivido en Amsterdam y en Nueva York, habla inglés y francés a la perfección. Tiene además los ojos azules y el cabello rubio y largo, me recuerda mucho a Kurt Cobain y tú sabes cuánto me gustaba él. Definitivamente Alberto es un sueño, todo lo que me gusta en un hombre.

Alberto es fantástico pero, no sé, a veces parece un poco indiferente y poco interesado en tener una relación seria. Por ejemplo, él no me llama nunca, siempre llamo yo. También está viajando todo el tiempo con su banda así que no tiene mucho tiempo para estar conmigo... Pero estos últimos meses hemos hecho muchas cosas juntos: hemos ido al teatro, al cine, a conciertos, a bailar ¡Además sabe bailar tango y tú sabes lo que me gusta bailar!

Como Alberto es tan creativo, me ha compuesto una canción, la hemos tocado juntos, yo al piano y él a la guitarra, y suena muy bien. Nunca nadie me había compuesto una canción, Alberto es tan romántico y apasionado, me hace sentir muy especial.

Bueno, ahora te contaré sobre mi otro amigo: Luis. Luis es totalmente distinto a Alberto. En realidad, Luis y yo nos parecemos en algunas cosas, porque él también es ingeniero (ha estudiado en Inglaterra como yo por dos años) y está muy centrado en su trabajo. Además es bastante ambicioso, como yo.

Físicamente, Luis no es tan atractivo como Alberto. A pesar de sólo tener treinta años ya está un poco calvo y no es muy atlético. Pero tiene una sonrisa preciosa y un sentido del humor extraordinario, cuando estoy con él siempre estoy riendo.

La verdad es que lo he pasado muy bien con él. A Luis le encanta ir a restaurantes y comer bien, casi todos los fines de semana vamos a un restaurante nuevo. Hemos ido a comer de todo, desde comida china a francesa. Además, me ha invitado a comer a su casa y he conocido a toda su familia ¡Son todos muy simpáticos!

Luis es un encanto, me llama todos los días. Hace unos días me ha dicho que está muy enamorado de mí. Ya sé lo que estás pensando, Alberto no ha dicho nada de estar enamorado; y además se ha ido porque tiene una gira de dos meses en Europa. Creo que ya sé el consejo que me darás, olvidar a Alberto y empezar una relación seria con Luis. Pero es muy complicado, la verdad Alberto me gusta mucho. Yo sé que con él no podría tener alguna relación estable, porque él siempre pasa viajando y no parece estar muy interesado en mí, pero los pocos momentos en que puedo compartir con él me siento como en un sueño ¿Podría ser que estoy enamorada de él?

Cuando Luis me dijo que me amaba yo no le respondí. La verdad no sería honesto decirle que yo también lo amo. Creo que quizás sea necesario que pase un tiempo sola reflexionando sobre cuáles son mis sentimientos y qué quiero hacer realmente. Bueno, espero tu respuesta para que me aconsejes qué hacer, eres mi mejor amiga y confío en tu sabiduría y buen juicio.

¡He escrito tanto de mí misma! No te olvides de contarme cómo van tus estudios en Australia y cómo va tu vida amorosa, la última vez me contaste que uno de tus compañeros de clase te había invitado a salir un par de veces al cine ¿Cómo resultó eso? ¿Aún siguen saliendo? Cuéntamelo todo, tú sabes lo mucho que me gusta saber las historias de amor de mis amigas.

Un beso muy grande.

Rocío

## Entrevista a Pedro Labarca

Pedro Labarca es un importante actor colombiano, ha trabajado además con gran éxito en México, Estados Unidos y otras partes del mundo. Actualmente reside en la ciudad de Acapulco en México con su hermosa esposa Lucía. En esta entrevista conoceremos un poco más sobre este exitoso actor, su vida personal y sus sueños para el futuro.

¿Cómo es un día típico de Pedro Labarca?

Si no estoy trabajando en una película mi vida es completamente normal. Me levanto temprano y desayuno. Luego leo el periódico. A veces con mi esposa salimos a caminar y si hace sol nadamos un poco en la playa, es lo bueno de vivir en Acapulco. Me gusta mucho cocinar, así que por lo general paso mucho tiempo en la cocina, pero odio lavar los platos. Mi esposa y yo almorzamos siempre juntos, luego tomamos una siesta. Luego en la noche por lo general salimos al cine o vamos a comer a un restaurante. De vez en cuando invitamos a nuestros amigos a cenar.

¿En qué estás trabajando actualmente?

Ahora estoy preparándome para actuar en una película de ciencia ficción sobre un viaje a Marte. Mi personaje es muy interesante, pero prefiero mantener el secreto. Además, estoy trabajando en una telenovela, interpretando al protagonista.

¿Prefieres trabajar en la televisión o en el cine?

Ambos tienen su atractivo, pero en lo personal prefiero el cine, porque los temas son más complejos y desafiantes. Cuando era pequeño quería ser actor de televisión, pero en los últimos años he descubierto que el cine es mi pasión.

¿Qué es lo más peligroso que has hecho en tu trabajo como actor?

¡He hecho muchas cosas peligrosas! Una vez en África tuve que actuar junto con un león. Al principio tenía mucho miedo, pero poco a poco me acostumbré y luego ya no estaba asustado.

También he actuado bajo el agua en algunas escenas y he estado en un incendio.

Pero sin duda lo más desafiante del trabajo de un actor es pasar muchas horas trabajando ¡He estado trabajando por 20 horas sin parar!

¿Qué planes tienes para las próximas vacaciones?

Con mi esposa vamos a viajar a Europa por un mes. Iremos a muchos países, Francia, Italia, Suiza y muchos otros. Hemos reservado ya los hoteles y algunos vuelos, nos gusta planificar con anticipación cada cosa que haremos. Estamos muy emocionados por este viaje, es la primera vez que vamos a Europa juntos así que es algo especial.

¿Hay algo en tu carrera de actor que no has hecho aún y que te gustaría hacer?

Me gustaría actuar en teatro, ya que toda mi carrera he actuado frente a una cámara, pero nunca para una audiencia en directo. Ya sé, es raro que un actor nunca haya actuado en teatro, pero así se han dado las cosas para mí, empecé en televisión y luego inmediatamente comencé a actuar en cine, así que nunca tuve la oportunidad de actuar en teatro. Hay algo especial en actuar para una audiencia en vivo y creo que es necesario para mi desarrollo profesional y personal.

Ya sabemos que prefieres no hablar en detalle de tu vida personal, pero ¿cómo es la relación que tienes con tu esposa?

Bueno, como usted ha dicho me gusta mantener mi vida privada realmente privada. No soy como esos actores que se benefician de exponer sus intimidades. Me basta con decir que con Lucía tenemos una excelente relación, con altos y bajos como todas las parejas, pero nos une un gran amor y compromiso con un proyecto de vida en común.

¿Parte de ese proyecto es tener hijos?

Claro que es algo que hemos conversado con Lucía, pero por el momento con lo ocupados que estamos no parece una buena idea. Creo que tener hijos es una gran responsabilidad y me gustaría poder dedicar más tiempo a criar a mis hijos de lo que podría en este momento. El trabajo de un actor puede ser muy demandante.

Volviendo a lo profesional ¿Qué consejo le darías a un actor que está comenzando su carrera?

Primero es importante educarse, tomar clases de actuación y danza. Además leer libros de historia del teatro y muchos guiones. Segundo, es necesario ir a tantas audiciones como sea posible, no importa cuán pequeño o extraño sea el papel. Y finalmente, cualquiera que quiera una carrera como actor o actriz tiene que aprender a lidiar con el rechazo constante. La actuación puede ser una vida muy dura, ya que hay mucha competencia y los buenos papeles no son muchos así que un actor principiante tiene que tener la fortaleza para no considerar un "no" como un fracaso o un rechazo personal de parte del director de casting sino como una experiencia de aprendizaje.

**Recuerdos de mi abuela**

Mi abuela me enseñó muchas cosas: a cocinar, leer y escribir. Pero lo más importante que aprendí de ella y que definió el resto de mi vida es a pintar, es por ella que me convertí en artista. Mi abuela se llamaba Rosa como yo y falleció hace dos años, pero la recuerdo todos los días con cada pincelada. Ella siempre estaba pintando algún cuadro al óleo y de niña yo pasaba horas contemplando cómo el lienzo blanco se iba poco a poco transformando en una imagen clara y reconocible mientras en el fondo sonaba la música preferida de mi abuela: Mozart.

Toda mi familia es chilena, pero mi abuela Rosa era de origen español ¿Cómo es que esta niña española llegó a Chile? Para entenderlo hay que ir al pasado y recordar la Guerra Civil Española, allí el bando republicano fue derrotado por el general Franco y muchos españoles que pertenecían al bando perdedor fueron exiliados. Una gran cantidad de hombres, mujeres y niños se vieron obligados a emigrar hacia otras tierras en busca de asilo y refugio. Uno de los países que acogieron exiliados españoles fue Chile.

Cuando mi abuela llegó a Chile, ella tenía ocho años. Acompañada de su padre y su madre había llegado luego de un largo viaje de treinta días en barco a vapor. Mi abuela me contaba que después de pasar tanto tiempo viviendo en un barco en medio del mar fue muy emocionante llegar finalmente al puerto de Valparaíso y pisar tierra firme. Al principio, según ella me contó, había sido un poco difícil acostumbrarse a su nuevo país, la forma de hablar de la gente era distinta y algunas cosas de la cultura del país le parecían extrañas, pero poco a poco se fue acostumbrando a su nuevo país y ya al ser una adolescente no se sentía extranjera y hablaba con un perfecto acento chileno.

Mi abuela se casó muy joven, a los diecisiete años. Todo empezó cuando la familia se mudó a un nuevo barrio en Santiago, mi abuelo era un vecino que se enamoró de mi abuela en cuanto la vio, así que solía escribirle cartas de amor que dejaba bajo la puerta. Ella tenía que esconder las cartas para que sus estrictos padres no las encontraran. A pesar de los esfuerzos de mi abuela, un día su padre vio al vecino dejando una de las cartas y la leyó ¡Estaba furioso! ¡El vecino estaba seduciendo a su hija! En esos tiempos los padres eran muy sobreprotectores con sus hijas.

Una vez que el romance fue descubierto los padres de mi abuela le dieron dos opciones a la joven pareja: o dejaban este intercambio de cartas de amor o se casaban. Eligieron esta segunda opción. Debo agradecerles porque de otro modo yo nunca habría nacido. Mis abuelos nunca se arrepintieron de su decisión y vivieron felices por décadas hasta que ambos murieron el mismo año, sólo separados por unos meses.

Fue poco después del nacimiento de su primer hijo que mi abuela Rosa empezó a dibujar y pintar. Tuvo cinco hijos, en esos tiempos era normal tener cinco o más niños. La segunda de esos niños fue mi madre. Luego de realizar las tareas del hogar mi abuela pasaba algunas horas por la tardes dedicada a sus intereses artísticos. Ser madre, dueña de casa y artista no era fácil y sólo cuando sus hijos partieron fue posible que ella empezara a darle más tiempo a pintar.

La casa donde vivían mis abuelos no era muy grande, pero mi abuela se las arregló para tener espacio para un espacio para su creatividad. Cuando sus hijos partieron de casa el dormitorio de los niños se convirtió en el taller de mi abuela. Era una habitación muy bien iluminada y colorida, llena de vida y siempre había música en el aire. Estaba lleno de pinturas de mi abuela, y los óleos que usaba para pintar. También tenía carboncillos, pasteles y acuarelas pero los usaba un poco menos.

No sé cuándo comenzó a pintar ni cómo aprendió, según ella nunca tuvo un profesor ni una educación artística, aunque con lo bien que lo hacía es un poco difícil de creer. De cualquier modo, siempre decía de sí misma que era una artista autodidacta y no había aprendido de nadie más que de las obras de otros artistas, mirando y copiando a los grandes maestros. Le encantaban los impresionistas franceses, especialmente Monet y Renoir. También el cubismo de Picasso y las visiones surrealistas de Dalí. Tenía varios libros con reproducciones de sus pinturas. Leyendo estos libros de mi abuela aprendí mucho de la historia del arte cuando era niña, tanto así que al empezar a estudiar Arte en la universidad prácticamente ya sabía todo lo que estudié en la clase de Historia del Arte.

Mi abuela me dejó estos recuerdos y mucho conocimiento artístico, pero también dejó muchos cuadros. La recuerdo pintando cosas de la cocina que arreglaba en distintas posiciones: un tomate, un jarrón de jugo, unas tazas. A veces me pedía a mí o a mi mamá que estuviéramos sentadas por horas y nos pintaba. Dibujaba y pintaba muy bien cualquier cosa, desde la naturaleza muerta a los retratos. Todavía hoy conservo un retrato que hizo mi abuela de mi madre y yo, también un paisaje de una playa que pintó en una de sus vacaciones en Uruguay.

Mi abuela Rosa es el tesoro más preciado de mi infancia que aún hoy conservo en mi memoria. Y aunque la extrañe en todo momento, siento que me acompaña día a día con sus legados y enseñanzas. Estoy segura que de no ser por ella yo no me habría dedicado al arte así que cada vez que me enfrento al lienzo blanco agradezco a mi abuela por haber existido.

## Una entrevista de trabajo

Javiera salió de la bañera y luego de envolver una toalla alrededor de su cintura pasó frente al espejo y se dijo a sí misma:
"Mírate Javiera, te ves impresionante y la entrevista de trabajo de hoy seguramente será perfecta y obtendrás ese puesto, encajas perfecto con lo que buscan".
En realidad, ella estaba muy nerviosa por esta entrevista, pero esas palabras le ayudaron a darse algo de confianza adicional. Javiera tenía 28 años y desde haberse graduado en administración había trabajado en la misma empresa con mucho éxito, sin embargo hace seis meses que estaba desempleada. Había perdido el trabajo por una reducción de personal de la empresa que estaba a punto de la quiebra.

Javiera salió del baño y se dirigió al dormitorio, donde eligió qué ropa ponerse, se decidió por algo simple y clásico, un traje negro muy elegante. Los zapatos los había comprado el día anterior y eran bellos y sofisticados.

Miró al reloj y ya era hora de apresurarse: en una hora tenía la entrevista y desde su casa al lugar de la cita le tomaba unos 50 minutos en metro. Volvió al baño, se cepilló los dientes y rápidamente se aplicó algo de maquillaje y finalmente el perfume; una fragancia no demasiado llamativa ¡Era una entrevista de trabajo, no una cita!

Después de darse una última mirada al espejo salió de la casa y tomó el metro. No era hora punta así que había un asiento libre y Javiera se sentó cómodamente. Para quitarse los nervios decidió escuchar una meditación guiada que solía usar para relajarse y dormir. En unos pocos minutos ya se sentía muy relajada, lentamente la relajación se fue incrementando, su respiración más lenta y más profunda. Lentamente se fue quedando dormida, perdida en un profundo sueño.

Fue dos horas más tarde cuando un trabajador del metro la despertó. Javiera, apenas se despertó miró el reloj, ¡eran las 5 y la entrevista era a las 4! ¿Qué hacer? Javiera revisó su teléfono y vio que había un mensaje: "Señorita Javiera, lamentablemente y dado que no asistió a la entrevista el puesto para el que la estábamos considerando ya ha sido asignado a otra persona, por favor no se moleste en venir, ya que la puntualidad y responsabilidad son requisitos necesarios para el cargo."

Javiera estaba muy triste y enfadada consigo misma, ya era demasiado tarde para hacer cualquier cosa. Decidió entonces bajarse en esta estación y tomar algo. Este era uno de los barrios más ricos de la ciudad, Javiera vivía lejos y nunca venía por aquí así que le pareció una buena oportunidad para distraerse de la mala situación por la que estaba pasando.

Una vez en el exterior fue a un bar cercano a la salida del metro y pidió un whisky en las rocas. El ambiente era muy agradable, había una cálida iluminación que resaltaba la rica textura de los muebles de cuero y caoba. Aún se reprochaba interiormente haber tomado la mala decisión de escuchar esa meditación guiada en un momento como ese, pero poco a poco el whisky fue atenuando su preocupación.

A unos pocos metros en la barra había un hombre que la había estado mirando por varios minutos. Javiera se sintió un poco asustada porque su mirada era muy persistente ¿Qué querría este hombre? ¿Estaría interesado en ella? ¿Era alguien que había conocido antes pero no recordaba? Muchas preguntas e hipótesis poblaban su mente.

Finalmente, el hombre se acercó a ella y se sentó a su lado. Vestía un traje de muy buena calidad sin corbata, usaba un reloj Rolex y un perfume que Javiera no pudo identificar pero sin duda era carísimo.

-Disculpe señorita- dijo el hombre- mi nombre es Martín Román y soy director de casting de una compañía de cine ¿Es usted actriz?

-¿Yo, actriz? Jaja, no, trabajo en administración – respondió Javiera.

-Bueno, eso no tiene importancia, ¿cuál es su nombre?

-Javiera.

-Un gusto Javiera. Como le decía, soy director de casting y estamos buscando una actriz nueva para un rol protagónico en una película de muy alto presupuesto. Es una comedia romántica que se rodará en distintas locaciones en el mundo. Creo que usted, Javiera, tiene la apariencia perfecta para el rol que buscamos, bella y elegante, con un toque de melancolía. Con respecto a su falta de experiencia eso es algo secundario, con unos meses en nuestra academia de talentos será suficiente ¿Estaría usted interesada en esta oportunidad?

Javiera quedó sin palabras, se rió y luego dijo sí con mucho entusiasmo. Martín Román le dio su tarjeta y acordaron una cita para realizar una prueba de cámara en el estudio para el día siguiente. Cuando Martín Román se despidió, Javiera se tomó otro whiskey para celebrar y tomó el metro de regreso a casa.

En el camino pensó que si no se hubiera dormido esta tarde y si no hubiera perdido su entrevista de trabajo, jamás habría estado en ese bar para ser descubierta por ese hombre ¡Qué loca es la vida! Lo que se había dicho frente al espejo esta mañana era muy cierto, sólo que no del modo en que ella lo imaginaba ¿Quién podría haber imaginado que hoy, por quedarse dormida iba a tener un cambio tan grande en su vida?

Todo era impresionante e increíble, lo único cierto es que mañana daría sus primeros pasos en su nueva carrera. Sus amigos siempre le habían dicho que era muy atractiva y tenía una belleza de Hollywood, pero nunca lo había tomado muy en serio. Había sido un día demasiado interesante y ya estaba cansada, llegando a casa se acostó en su cómoda cama con paz y alegría, mañana empezaría su nueva vida como actriz.

Made in the USA
Las Vegas, NV
09 February 2024

85557730R00079